한국경제 빅 이슈 2

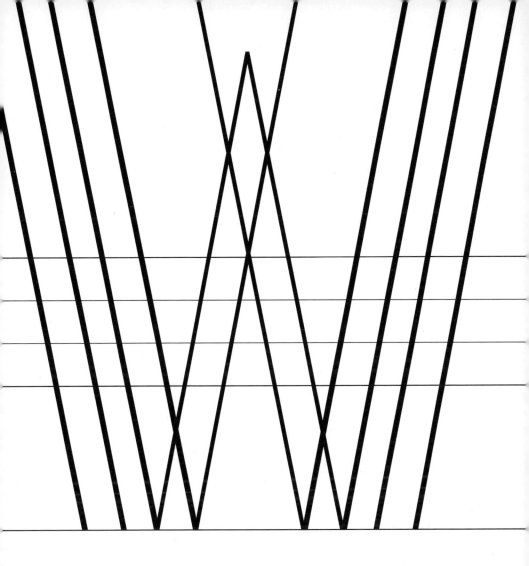

한국경제
빅 이슈 2

대전환기 한국경제의 과제

서울사회경제연구소 엮음

생각의힘

책을 출간하며

코로나19 대유행이 발발한 후 2년이 지나면서 중국·북한 등 일부 나라를 제외한 많은 나라가 코로나19 이전으로 복귀하기 시작하였다. 우리나라도 사회적 거리두기가 완화되는 등 일상으로 돌아오고 있다. 코로나19로 전 세계가 심각한 경제적 위기에 직면하였을 뿐 아니라 사회·경제는 이전과 달라질 수밖에 없었다. 여기에 미·중 갈등의 증폭, 우크라이나 전쟁 등이 겹치면서 세계경제는 더욱 복잡하고 혼란해졌다. 세계경제는 공급 차질과 정상 복귀로 오랫동안 잊고 있었던 인플레이션에 시달리기 시작하였다. 한국경제도 경기침체를 경험하였고, 부문 간 불균형과 계층 간 불평등이 심화되었다. 더욱이 부동산 가격 폭등으로 풀어야 할 경제·사회적 문제는 물론이고 정책적 선택이 더욱 복잡해졌다. 이 책은 한국경제의 이러한 복잡한 문제들을 쉽게 정리하고, 그 정책적 대응 방법을 찾아보려는 노력의 일환이라고 하겠다.

　이 책은 서울사회경제연구소가 코로나19가 본격화한 2020년 하반기부터 한 달에 한두 차례 발행한 'SIES 이슈와 정책'에 수록된 글을 독자들이 주제별로 손쉽게 읽을 수 있도록 편집한 것이다. 이 책에 수록된 글은 'SIES 이슈와 정책' 편집위원회에서 우리나라가 당면한 경제·사회 이슈에 대해서 연구소 회원이나 외부 전문가에게 청탁하여 집필되었다. 각 글의 주제는 시의성을 고려하여 편집위원회가 요청하여 정해진 경우도 있지만 대부분 필자들이 세부 주제나 내용을 결정하였다. 글의 시각이나 관점은 필자들에 따라 차이가 있을 수 있지만, 대체로 서울사회경제연구소의 기본 연구 방향에 동의하는 것으로 봐도 좋을 듯하다. 서울사회경제연구소는 1993년 창립되어 '경제민주화'를 모토로 내걸고 활동하다 현재는 '인간존중 공정경제'를 지향하면서 정의롭고 민주적인 사회·경제구조, 통일에 대비한 한국경제의 미래상, 변화하는 세계경제질서 속에서 한국경제의 진로 등을 주로 연구하고 있다.

이 책은 코로나19 대유행과 함께 한국경제의 대전환이 시작되는 시기에 한국경제에 중요한 이슈가 되었던 문제를 주로 다루고 있다. 첫째, 코로나19로 한국경제 구조가 어떻게 전환하고 있는지, 그리고 한국경제의 전환에 대응하여 어떠한 정책이나 개혁이 필요한지를 다루고 있다. 둘째, 한국경제에 영향력이 큰 미국·중국·일본 등 경제 대국의 변화, 미국과 중국 간의 갈등으로 인한 세계경제 질서의 변화, 그리고 그 대응에 관해 논의를 하고 있다. 셋째, 한국사회를 크게 동요시키고 불평등을 더욱 심화시킨 부동산 문제를 해결하려던 정책에 대한 평가 및 새로운 대안을 깊이 다루고 있다. 넷째, 코로나19 위기 속에서 심화된 불평등과 불균형은 한국경제에서 공정과 포용의 가치를 더욱 높이고 있는데, 이러한 정책목표와 관련된 논의나 관련된 정책 대안을 논의하고 있다.

아무쪼록 이 책이 한국경제의 대전환을 요구하고 있는 국내외 경제환경의 변화, 코로나19의 경제적 충격, 신냉전 경제질서, 부동산 가격 폭등, 한국경제 내부의 불평등과 불균형 등 주요한 이슈에 대하여 깊이 알고자 하고, 그 해결을 위한 정책 대안에 대해 깊이 고민하시는 분들께 큰 도움이 되었으면 한다.

이 책이 나오기까지 수고해 주신 많은 분들에게 감사드린다. 우선 책 발간의 디딤돌이 된 'SIES 이슈와 정책'에 귀중한 원고를 써준 필자들에게 깊이 감사드린다. 그리고 발간을 적극 격려해 주신 변형윤 명예이사장, 강철규 이사장, 장세진 소장께도 감사드린다. 이 글들을 책으로 펴낼 수 있도록 흔쾌히 도와주신 출판사 '생각의힘'에 감사드린다. 마지막으로 'SIES 이슈와 정책' 발간에 수고를 아끼지 않았던 정희수 연구원에게도 감사드린다.

2022년 10월
'SIES 이슈와 정책' 편집위원을 대표하여
배 영 목

차례

1부

한국경제

: 전환과 개혁

01
경제의 역동성은 삶의 안정성에 기반한다

이재우

한국수출입은행 산업경제팀장

포스트 코로나19 시대를 주도하기 위해서는
산업 역동성 확보가 중요

코로나19로 글로벌 경제 및 산업 질서가 급변하고 있다. 인공지능, 빅데이터, 친환경, 공유경제 등의 키워드로 대표되는 4차 산업혁명이 코로나19에 따른 비대면 산업의 활성화로 가속화되는 양상이다.

이러한 급격한 질서의 변화는 후발자에게 기존 질서의 주도국을 추월할 수 있는 기회를 열어주기 마련이다. 새로운 출발선에서 같이 출발하는 셈이다. 여기서 승패는 누가 변화에 얼마나 적절하고 빠르게 적응하는가로 판가름되고, 그 결과에 따라 선도자가 되거나 아니면 적응에 도태되어 계속 추격자로 남게 된다.

변화에 대한 빠른 적응을 위해 필요한 것이 바로 역동성이다. 한

나라의 산업이 역동적이라는 것은 시장의 변화에 따라 기업의 창업, 성장, 소멸 또는 구조조정의 과정이 물 흐르듯이 막힘없이 이루어지며 한 국가의 자원이 효율적으로 활용됨을 의미한다.

산업 역동성, 창업, 성장, 구조조정 모두 부진

그럼 새로운 출발선에 선 한국의 산업 역동성은 어느 정도인가를 평가해 보도록 하자. 먼저 창업 부문이다. 새로운 사업의 시작을 위해 필요한 것이 R&D 역량이다. 한국의 R&D 투자는 2020년 기준으로 GDP 대비 4.8%로 OECD 회원국 평균인 2.7%를 크게 앞서며, 특허출원 건수도 GDP 규모로 비교할 때 세계 최고 수준을 유지하고 있다. 이러한 적극적인 활동으로 한국의 혁신역량은 세계 최고로 평가받아 2021 블룸버그 혁신지수Bloomberg Innovation Index에서 당당히 1위를 기록하였다.

　문제는 이러한 혁신적 R&D가 창업 또는 신사업으로 연결되지 못하고 있다는 것이다. 한국의 창업률(창업기업 수/총활동기업 수×100)은 약 15% 수준으로 표면적으로 OECD 회원국 평균보다 높다. 그러나 창업기업 중 1인 기업이 89%나 되고, 창업기업 중 사업적 기회를 가지고 창업을 한 경우는 21%뿐이다. 즉 창업의 대부분이 R&D에 기반한 창의적 아이디어를 통해 시작된 것이 아니라 단순히 생존의 필요성에 따라 이루어지는 생존형 창업인 것이다. 이것은 한국의 창업기업 중 산업재산권을 보유하고 시작한 기업이 1.7%에 지나지 않는다는 점에서도 확인할 수 있다. 혁신적이라고 평가되는 선진국에서는 사업적 기회를 가지고 창업하는 경우가 50% 이상이라는 점을 볼 때 한국에서 실질적 의미의 창업은 매우 부진함을 알 수 있다.

다음은 성장의 과정이다. 한국 창업기업의 1년 후 생존율(2021년 기준)은 65%, 5년 후 생존율은 32%로, 미국과 유로존 주요국 기업의 1년 후 생존율이 75%, 5년 후 생존율이 40%를 상회하는 것보다 매우 낮은 수준이다.[1] 창업 기업의 성장도를 국가별 유니콘 기업[2]으로 비교할 경우에도 전 세계 유니콘 기업 수 1,024개 중 한국 기업은 10개(2021년 기준)에 지나지 않아 한국 창업기업의 성장속도가 매우 더딤을 알 수 있다. 또 글로벌 중견기업을 표현하는 히든챔피언 기업 수마저도 한국은 독일, 미국뿐만 아니라 중국, 프랑스, 영국 등에도 밀리고 있다. 결국 한국 기업의 생존률과 성장세는 높은 R&D 투자 대비 매우 낮은 수준인 것이다. 그것은 창업이나 신사업을 추진할 때 참신한 창업 아이템을 가지고 충분한 준비의 시간 속에서 철저한 준비를 통해 추진되지 못한 것과 연결된다고 볼 수 있다.

마지막으로 소멸 또는 구조조정의 과정이다. 한 나라의 경제 자원이 한정되어 있기 때문에 기존 기업이 유지되면서 무한정한 창업이 지속될 수는 없다. 따라서 기존 기업에 투여된 자원들이 해체되어 새롭고 혁신적인 기업에 활용 또는 흡수되는 과정이 원활하게 이루어져야만 혁신이 이루어진다.

한국의 기업 소멸률(소멸기업 수/총활동기업 수 × 100)은 2019년 기준

---

1   「창업기업의 지속 성장 역량 분석과 생존율 제고 방안」, KIET, 2018.
2   유니콘 Unicorn 기업: 기업 가치가 10억 달러(= 1조 원) 이상이고 창업한 지 10년 이하인 비상장 스타트업 기업.

11.3%로 창업률(15.3%)보다 낮다. 소멸률이 창업률보다 낮다는 것은 경제가 성장하고 있다는 측면에서 보면 긍정적이다. 문제는 기업의 경쟁력이 낮음에도 소멸되지 않는 기업이 많다는 점이다. 흔히 말하는 좀비기업, 즉 영업이익으로 이자도 갚지 못하는 기업의 증가는 이러한 단면을 여실히 보여준다. 2021년 상반기 기준으로 국내기업 중 좀비기업이 36%으로 나타나며 중소기업 중에는 좀비기업이 절반 (50%)에 이르는 상황이다.

결국, 창업 및 신사업에 대한 도전이 잘 이루어지지 않고 도태되어야 할 기업들이 연명하면서 산업의 활력도를 낮추고 국가경제의 비효율성을 증대시키고 있는 것이다.

매우 높은 실패 비용이 창업 부진의 원인

그럼 창업이 부진한 이유부터 살펴보자. 2019년 창업기업실태조사 중 '창업의 장애요인' 항목의 분포를 보면 창업자금 마련의 어려움이 가장 높은 비중(71%)을 차지하는 것으로 나타난다. 그런데 창업과정의 경제적 어려움과 실패 시 발생하는 막대한 피해에 대한 두려움으로 창업에 집중하지 못하고 주저하는 비중도 70%대의 매우 높은 비중을 차지하고 있다. 이러한 특징은 국가 간 비교에서도 나타나는데 글로벌기업가정신[3] 조사 중 '실패에 대한 두려움' 항목에서 한국은

---

3 런던경영대학 London Business School 과 미국 뱁슨칼리지 Babson College 가 매년 조사하는 글로벌기업가정신 Global Entrepreneurship Monitor: GEM 지수로 2016 년 기준 65개국의 기업가정신 지수를 평가하였다.

표 1-1 창업의 장애요인(복수 응답 비율)

창업 장애요인	비중	비고
창업 아이디어 및 아이템의 부재	8.2%	창업준비 부족
창업에 대한 전반적인 지식, 능력, 경험의 부족	30.7%	
자금확보의 어려움	70.9%	창업자금 부족
창업실패 및 재기에 대한 두려움	40.1%	창업기간 및 실패 시 삶의 불안정성 관련
창업준비부터 성공하기까지의 경제활동 문제	23.1%	
일과 가정 양립의 어려움	5.4%	
기존 직업활동의 제한	1.9%	
창업자에 대한 부정적인 사회 분위기	3.0%	기타
지인의 만류	3.2%	
기타	0.7%	

주: 「2019 창업기업실태조사」(중소기업벤처부, 2022), 비고는 저자 작성.

총 65개국 중 55위를 차지하고 있다. 결국 창업과정 및 실패 시 발생하는 삶의 불안정성에 대한 우려가 매우 큰 것이다.

창업이라는 것은 매우 큰 위험성을 지고 하는 활동임에는 틀림없다. 아무리 창업에 따른 수익이 크다 할지라도 실패 시 비용이 크면 창업에 도전할 수 없다. 한국의 경우 창업준비자가 느끼는 미래 삶의 불안정성이 다른 어떤 나라보다도 높아 긴 준비의 시간을 가지고 적극적으로 창업에 나서지 못하는 것이다.

삶의 위기 속 노동자 저항이 구조조정 부진의 원인

한국의 기업 구조조정이 부진한 원인은 매우 다양하다. 구조조정 시장의 미성숙, 경영인과 금융기관의 책임을 지지 않으려는 태도, 정부의 고용유지 정책에 따른 미온적 대처 등을 원인으로 들 수 있다. 그런데 궁극적으로는 기업 부실 경영에 참여하지 않고 책임만을 강요받는 노동자들의 저항이 가장 큰 원인이다.

구조조정 시 노동자에게 주어지는 대책은 기껏해야 정책금융기관을 활용하여 구조조정 과정에서 단기적 고용승계를 받아내거나, '고용재난지역'으로 선포하는 정도이다. 그러나 구조조정으로 발생한 실업은 단기간에 해결되지 않고 영구적 실업자로 전락할 가능성이 높다.

그러나 한국의 경우 실업급여 수준은 실직 후 6개월까지는 직전월급의 75% 수준을 보존하여 OECD 회원국 평균 대비 높은 수준이지만 1년 이후의 보장 수준은 20%밖에 되지 않아 OECD 회원국 중 최하위에 머무르고 있다. 이렇게 미래의 삶이 송두리째 날아갈 위기에 있는 이들이 저항하지 않으면 그것이 이상한 것이다.

이와 함께 중소기업에 대한 맹목적인 지원도 기업 구조조정을 지연시키는 데 기여하고 있다. 다른 나라와 마찬가지로 한국도 중소기업은 경제적 약자, 고용의 핵심이라는 측면에서 전폭적인 지원을 받고 있다. 이러한 중소기업에 대한 무차별적인 지원은 경쟁력이 없는 기업의 생존 연장만 가져온다. 이것이 중소기업의 절반을 정부의 지원으로 연명하는 좀비기업으로 존재하게 만든 것이다.

삶의 위험 공유를 통한 삶의 안정성이
경제 변화의 역동성과 성장의 원천

그렇다면 실패나 실업에 따른 두려움을 낮추고 혁신적 창업과 구조
조정을 활성화시키는 방안은 무엇일까?

우리는 넓은 트램펄린에서 신나게 뛰놀며 매우 창의적인 몸동작
을 하는 아이들을 보곤 한다. 그 아이들에게 창발적 자유를 준 것은
바로 추락에 따른 위험 제거일 것이다. 이러한 위험의 제거는 더 나아
가 추락을 즐길 수 있게 만든 것이다.

혁신적 창업 활동 역시 실패의 위험을 즐기고 실패를 성공의 디딤
돌로 만들 수 있어야 활성화되고 성공 확률이 높아진다. 결국 실패를
하더라도 안정적 가정 및 사회생활을 영위하고 재기할 수 있는 기회
가 주어져야 한다.

또한 구조조정으로 실업자가 되더라도 기본적인 삶을 유지할 수
있는 사회적 보호장치가 있다면 노동자들도 구조조정을 쉽게 받아들
일 것이다. 결국 삶의 안정적 기반이 마련되어야만 산업의 창업, 성
장, 퇴출이 자연스럽게 활력을 가지며 이루어지게 된다.

최근 스타트업의 천국으로 부상하고 있는 프랑스와 유럽 벤처
기업의 성지인 스웨덴 등 북유럽 국가가 2019년 기준으로 GDP에
서 공적사회지출Public social spending이 차지하는 비중이 30%에 육박
하면서 세계에서 가장 높은 수준을 유지하며 낮은 빈곤률을 기록한
반면, 한국은 공적사회지출 규모가 OECD 회원국 중 최하위권인
GDP의 10% 수준이고 높은 빈곤률을 보인다는 것은 시사하는 바가

그림 1-1 OECD 국가의 GDP 대비 공적사회지출 비율(단위: %)

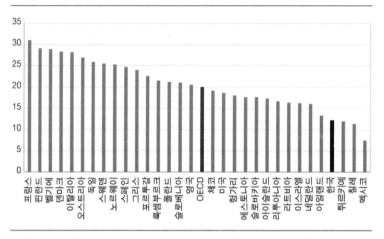

자료: OECD, 2019년 기준.

크다.

우리는 '효율과 평등', '성장과 분배'가 서로 상충한다는 관념에서 벗어나지 못하고 있다. 즉 자본주의 혁신적 성장의 동력이 혁신에 성공한 자에게는 보상을, 실패한 자에게는 책임을 부여하는 약육강식, 적자생존의 경쟁적 시스템에 있다고 믿고 있다. 이러한 시각에서 사회적 복지의 확대는 경제적 측면의 효율성 희생이 발생하지만 사회적(정치적) 안정을 위해 약자에 대한 배려 차원에서 필요한 것으로만 생각되고 있다.

그러나 사회안전망의 확대를 단순히 정치적 분배라는 측면으로만 바라보아서는 안 된다. 사회안전망의 확대는 경제주체들이 직면한 위험을 사회적으로 공유함으로써 그들이 직면한 삶의 불안정, 불확실성을 제거하고 경제적 선택행위에 자유를 줌으로써 경제 전반에

표 1-2 OECD 국가의 신생기업 수 추이

	2007	2011	2015	2019
프 랑 스	100	180	162	249
스 웨 덴	100	161	164	157
벨 기 에	100	104	114	147
노르웨이	100	95	110	122
네덜란드	100	98	94	116
미 국	100	100	100	110
아이슬란드	100	97	115	107
핀 란 드	100	92	80	99
일 본	100	83	106	94
덴 마 크	100	78	100	92
캐 나 다	100	93	81	82
독 일	100	96	83	78
이탈리아	100	93	87	78
스 페 인	100	60	67	66

주: 2007년 신생기업 수를 100으로 평가.
자료: OECD.

활력을 불어넣어 주는 역할을 하는 것이다.

냉혹한 혁신의 파괴적 과정이 효과적으로 작동하기 위해서는 사회적 포용성이 있어야 함을 잊어서는 안 된다.

2021. 5. 작성(2022. 4. 수정하여 실음)

02
완전고용과 경제안정을 위한 경제질서
케인스와 민스키의 제안

조복현
한밭대학교 경제학과 교수

글로벌 금융위기 직후, 많은 사람들은 기존의 신자유주의 경제질서를 개혁하거나 새로운 경제질서로 대체하기를 희망했다. 2009년에 실시한 영국 BBC의 23개국 2만 9,000명에 대한 설문조사를 보면, 응답자 중에서 신자유주의 경제가 개혁되거나 새로운 시스템으로 교체되어야 한다는 데 동의한 사례가 74%이며, 소득분배 개선을 위해 국가가 경제활동에 적극 개입해야 한다고 응답한 경우가 67%였다. 이는 전 세계의 많은 시민이 자유방임과 시장경쟁에 기초하는 당시의 경제질서가 효율적이지도 안정적이지도 정의롭지도 못한 것으로 인식했다는 것을 말해준다.

글로벌 금융위기 직후 단기적 대책으로 적극적인 케인지언 재정정책이 각국에서 시행되기는 했으나, 문제의 신자유주의 경제질서를 개혁하거나 대체할 새로운 경제질서를 모색하거나 창출하지는 못했다. 당시 위와 같은 여론조사 결과나, 세계 여러 나라에서 거세게 일어났던 글로벌화 반대시위나, 미국에서 큰 분노를 표출하면서 전개되었던 월스트리트 점령 운동과는 상당히 대조적인 결과이다. 다만 영국의 브렉시트나 미국의 트럼프 정부 출현과 같은 보호무역 및 자국 우선주의적 정책 변화만이 나타났을 뿐이다.

그러한 결과, 위기 이후 10년이 지난 현재에도 경제 문제는 여전히 개선되지 않고 오히려 더 악화되기까지 했다. 많은 나라에서 실질적인 고용은 크게 개선되지 않고 있으며, 소득 불평등은 더욱더 심화되었다. 존 케인스John M. Keynes나 하이먼 민스키Hyman P. Minsky는 일찍이 실업과 불평등, 불안정을 자본주의 시장경제의 근본적인 결함이라고 지적한 바 있다. 그리고 그에 대한 경제질서의 개혁 과제들을 여러 가지 제시하기도 했다.

많은 사람들이 희망했던 새로운 경제질서에 대한 해답으로서 이들의 제안이 지금도 여전히 유용성을 가질 수 있을까?

실업 문제

케인스는 자본주의 경제 운용의 핵심이 미래의 불확실성하에서 이윤을 목표로 하는 기업가의 투자에 의존하고 있어서 실업은 이 경제의 피할 수 없는 내재적인 결과라고 주장했다. 소득과 고용을 결정하는 유효수요가 소비와 투자로 구성되기는 하지만, 소비가 안정적인 데 비해 투자는 체감하면서도 또한 변덕스러운 자본의 한계효율에 의해 결정되기 때문에, 소비되고 남은 생산물을 모두 이용할 수 없을 뿐만 아니라 이용량도 불안정하게 변동한다. 이 결과 완전고용은 달성되지 못하고, 실업이 일반적인 현상이 되는 것이다.

이러한 실업문제에 대해 케인스는 다양한 대책을 제시했다. 정부구매를 증가시키는 재정정책과 이자율을 낮추는 통화정책을 통해 유효수요를 늘릴 것을 주장하기도 했지만, 더 근본적으로는 투자를 안정적이면서도 일정한 규모로 유지시킬 수 있는 제도의 개혁에 더 중점을 두었다. 케인스는 『일반이론』에서 투자를 민간에게만 맡기는 대신, 국가가 상당부분의 투자를 계획하고 담당할 것을 여러 번 주장했다. 국가는 민간기업보다 더 장기적인 안목에서 또 사회적 이익을 위해 자본의 한계효율을 계산할 수 있을 뿐만 아니라, 자본시장의 심리에도 덜 영향을 받을 수 있기 때문이다.

케인스는 보다 더 구체적으로 상당히 광범위한 '투자의 사회화'를 주장했다. 『일반이론』에서는 이에 대해 상세한 내용을 제시하지는 않았지만, 투자의 사회화만이 실업문제를 해결하고 완전고용을 달성할 수 있는 '유일한 수단'이라고 주장했다. 나중에 그는 이에 대해 좀 더 구체적인 아이디어를 제시했는데, 정부에 공공투자청을 두어 민간의 투자가 부족해지면 투자를 개시할 것을 주장하기도 하고, 총투자의 3분의 2 내지 4분의 3을 공공 또는 준공공기관에서 수행할 것을 제안하기도 했다. 또 정부예산을 경기와 관계없이 투자에 사용할 자본예산과 경기조절용 소비에 사용할 적자예산으로 구분할 것을 제시하기도 했다.

소득과 부의 불평등 문제

케인스는 소득과 부의 불평등의 원인을 직접 분석하지는 않았지만, 소득과 부의 불평등이 어느 정도를 넘어 커지는 것에 상당히 부정적이었다. 이 불평등이 어느 정도까지는 사람들의 치부 동기와 부의 개인소유 환경을 만들어줌으로써 일부 가치 있는 행동을 유도할 수 있다는 것이다. 그러나 오늘날도 마찬가지이지만 당시의 불평등은 이러한 정도를 훨씬 넘어서는 것이었으며, 그러한 불평등은 경제를 완전고용에서 더욱 멀어지게 만드는 원인이 된다고 주장한다.

케인스는 불평등과 관련하여 정당성의 이유가 전혀 없는 유산 상속에 의한 불평등 못지않게, 진정한 희생에 대한 보수라고 볼 수 없는 높은 이자소득이 가져다주는 불평등에 대해서도 매우 부정적이었다. 따라서 그는 높은 상속세와 함께, 이자소득의 소멸, 즉 '금리생활자의 안락사'를 주장했고 또 그렇게 되리라고 예상했다. 더 나아가 금융가, 기업가 등에 높은 조세를 부과해 그들의 기능에 맞는 합리적인 보수만이 제공되도록 해야 한다는 점도 강조했다. 오늘날과 마찬가지로 당시에도 금융가나 기업가는 그들의 기능에 비해 너무 높은 비합리적인 보수를 받고 있다고 보았던 것이다.

이러한 과도한 소득과 부의 불평등이 정당화되지 못하는 가장 큰 이유는 부자들의 높은 저축성향, 다른 방식으로 말해 낮은 소비성향이 사회의 평균소비성향을 떨어트려 유효수요를 낮게 만들기 때문이다. 고전파 경제학자들은 경제의 성장과 고용이 부자의 저축에 의존한다고 생각해 불평등을 정당화하고 있지만, 케인스는 완전고용이 달성되기 이전까지는 성장과 고용이 저축이 아니라 소비에 의존하기 때문에 사회의 평균소비를 증가시켜 유효수요를 확대하기 위해서는 소득의 재분배를 통한 불평등의 완화가 더 정당한 과제라고 주장했던 것이다.

경제안정 문제

제2차 세계대전 이후 경제는 케인스의 경제질서 개혁 제안을 그대로 따르지는 않았지만, 일정정도 경제를 부양하는 적극적인 재정정책과 소득재분배에 유리한 조세정책에 힘입어 실업과 불평등 문제가 다소 완화되었다. 그러나 1980년대 이전의 케인지언 정책 시기마저도 완전고용의 달성이나 빈곤문제의 해소에는 크게 성공적이지 못했다. 1960년대 이후 취해졌던 민간투자 자극을 목표로 하는 케인지언 경제정책은 완전고용이나 그를 통한 소득 불평등 문제를 해결하는 데는 한계가 있었다. 오히려 민간투자 자극을 위한 각종 지원정책이 자본소득과 고임금 노동자에게 유리한 소득분배를 낳아 소득 불평등을 심화시키기조차 했다.

이와 관련해 칼레츠키Kalecki는 민간투자 자극을 통한 완전고용 정책이 성공적일 수 없는 이유로, 이자율과 소득세의 지속적인 인하가 곤란할 뿐만 아니라 정부정책에 대한 기업의 반응도 불확실하다는 점을 들었다. 사실 민스키가 지적하듯이 1960년대의 고용 및 빈곤완화 정책은 이처럼 이자율과 소득세 및 법인세의 인하와 같은 기업 지원 정책에 의존했는데, 이러한 정책은 빈곤완화나 고용증대에 기여하기보다 먼저 인플레이션과 소득격차를 심화시켰다. 기업 지원정책과 총수요 증대 정책은 기업이윤의 증대와 고임금 근로자의 수요 증대로 먼저 이어지기 때문에 소득분배의 악화를 초래한다. 그리고 이것이 낙수효과를 가져다주지도 못했다. 따라서 이러한 정책을 민스키는 '부자를 위한 사회주의' 정책이라고 표현하기조차 했던 것이다.

더욱이 민간투자 자극과 기업이윤 보장을 지원하는 총수요 창출 정책은 기업의 과도한 투자증가와 부채조달을 초래해 기업의 금융구조를 취약하게 만들었다. 특히 민스키는 이 점을 강조하며, 자신의 '금융불안정성 가설'을 제시했는데, 자본주의 경제는 안정된 시기를 거치면서 기업과 금융기관의 낙관적 기대에 힘입어 단기적으로는 이윤으로 이자지불조차 감당하기 어려운 투기적 부채조달을 낳고, 이것이 금융 불안정을 강화시킨다는 것이다. 투기적 부채조달이 결국 금융시장 조건의 악화와 함께 상환불능을 낳아 금융위기를 초래하기 때문이다. 민스키는 1960년대 이후 취해졌던 총수요창출 정책은 이러한 메커니즘을 더욱 강화시켰다고 주장한다.

새로운 경제질서

사실 1980년대 이후 전개된 시장근본주의에 기초한 자유방임과 시장경쟁의 경제질서는 이전의 케인지언 시기보다 더욱 더 시장경제의 문제점들을 악화시키고 심화시켰다. 지금도 여전히 실업과 소득 불평등은 중요한 경제적·사회적 문제이다. 경제와 금융의 불안정도 마찬가지이다. 케인스가 제시했지만 실현되지 못했던 경제질서의 개혁, 그리고 민스키가 1960~1970년대의 경험을 기초로 제시했던 경제개혁이 지금도 여전히 필요한 것이 아닐까?

케인스가 제시했던 투자의 사회화, 높은 상속세와 금리생활자의 안락사, 기능에 따른 보수 등은 실업문제나 소득 불평등 문제를 해결하기 위해 지금도 여전히 필요하고 또 유효한 개혁방안이 될 수 있을 것이다. 오늘날 케인스의 희망과는 달리 끝 모르는 무절제한 소비와 치부욕망이 자본의 희소성을 존속시키는 것은 물론, 금융소득보다 자본이득에 집중하도록 만든 금융질서가 금융부문의 경제생활 전반에 대한 지배를 낳게까지 하였다. 또한 민간투자 중심의 경제가 지속적인 실업과 고용불안, 경제 불안정을 지속시키고 있다. 다시 투자의 사회화와 금융부문 지배력의 억제가 필요하다고 할 수 있다.

한편 민스키는 1960년대의 민간투자 자극을 통한 고용정책에 대한 대안으로서 완전고용을 위한 정부의 최종고용자Employer of Last Resort 역할을 제시했다. 일할 능력이 있고 일하고자 하는 사람에게 정부가 적정한 임금 수준에서 무한탄력적으로 노동수요를 제공하라는 것이다. 또한 금융불안정을 막기 위해 상업은행의 자산증가 억제와 중앙은행의 할인창구를 통한 상업은행 자산운용 감시를 제안했다. '최종고용자' 정책은 민간고용에서 탈락한 실업자에게 일자리를 제공해 실업문제와 빈곤문제를 동시에 해결할 수 있으며, 은행의 자산증대 억제는 투기적 금융구조를 완화시킬 수 있다는 것이다.

케인스와 민스키가 제시한 경제질서의 개혁은 시장근본주의에 대한 대안으로서 지금도 여전히 필요하고도 유효한 가이드라인이 될 수 있을 것이다. 정부에 의한 완전고용의 제공, 정부 개입을 통한 총투자의 안정과 금융취약성의 완화, 사회적 이익을 우선하는 건전한 금융질서 구축을 통한 금융지배와 투기의 억제 등은 현재에도 필요한 새로운 경제질서의 과제가 될 것이다. 보다 구체적인 정책수단들을 어떻게 개발하든 이러한 새로운 경제질서로의 전환은 현재의 경제문제를 해결하기 위해서 진지하게 고려해야 할 길일 것이다.

2020. 11. 작성(2022. 4. 수정하여 실음)

03
한국판 뉴딜의 성공을 위한 성찰

박경로

경북대학교 경제통상학부 교수

코로나19로 인한 경제 위기를 극복하고 기술변화와 기후변화에 따른 산업 패러다임의 변화에 대응하기 위해, 정부는 '한국판 뉴딜'을 선언하고 사업계획을 구체화하고 있다. 위기와 변화로 위협받는 고용안전망을 강화하고 디지털 뉴딜과 그린 뉴딜을 두 축으로 하여 산업구조 전환을 꾀함으로써 추격형 성장에서 선도형 성장으로 전환하겠다는 것이 그 방향이다. 위기와 변화에 선제적으로 대응하여 지속적 성장을 도모하려는 방향에 대해서는 누구나 공감할 것이다. 정부의 담대한 도전에 대한 의지와 비전을 사회와 효과적으로 공유하기 위해, 위기 극복과 새로운 성장 체제 확립에 성공한 역사적 경험을 상징하는 미국의 뉴딜에 대한 통념을 활용한 것도 누구나 이해할 것이다.

그러나 정부가 재정 투자를 통한 인프라 건설을 지나치게 강조함으로써 정부의 고민이 충분한지에 대한 우려를 낳고 있는 것도 사실이다. 혹자는 미국의 뉴딜이 산업정책이었는지 반문하고, 혹자는 미국의 뉴딜이 노사관계 개혁과 사회보장을 중심으로 한 새로운 사회적 협약이었음을 강조하기도 한다. 미국의 뉴딜에 대한 불필요한 논란을 줄이고 한국판 뉴딜의 성공을 위한 교훈을 얻기 위해 먼저 1930년대 미국의 뉴딜을 되돌아보고 나아가 한국판 뉴딜의 성공을 위해서는 어떠한 노력이 있어야 하는가를 생각해 보고자 한다.

사회질서의 전환으로서 미국의 뉴딜

뉴딜이 위기 극복과 새로운 성장 체제 확립을 위한 성공적인 노력의 상징으로 기억되는 이유는 '빠른 회복'보다 '바른 회복'을 낳았기 때문이라 할 수 있다. 대기업들의 요구에 기초했던 제조업부문의 회복 정책은 실패하여 실업률의 감소는 더뎠고 노사갈등이 증대되는 가운데 뉴딜은 노동법 개혁과 사회보장법 제정으로 선회했다. 생산 감축에 대한 보조금 인센티브를 활용했던 농업부문의 회복정책은 비교적 성공적이었으나 토지를 소유하지 않은 농업노동자들의 상태를 악화시켰다. 금본위제 이탈은 변화된 현실을 인정하고 팽창적 정책에 대한 기대를 낳음으로써 회복에 큰 동력을 제공했지만 단기적으로는 최악의 은행위기를 초래했다고 보는 이도 있다. 많은 저수지와 운동장, 학교, 극장을 건설했던 공공근로사업은 당시 경제학자들이 알고 있던 유일한 실업대책이었다. 지방정부의 사업을 연방정부가 보조하는 방식에서 연방정부가 직접 수행하는 방식으로 중심이 이동하면서 이 사업은 예술이나 데이터 수집 등으로 영역을 확장했다. 우리 정부가 자주 언급하는 후버 댐은 미국 의회가 1928년에 승인한 사업으로서 뉴딜의 산물이라 할 수 없다. 교과서에 자주 등장하는 테네시 유역 개발사업TVA은, 인프라에 대한 재정 투자의 상징이라기보다 정부의 전력 생산과 지역 주민들의 자치에 대한 실험이라는 점에서 강한 국가와 강한 시민사회를 동시에 추구한 뉴딜의 이념을 상징하는 사업이었다. 무엇보다 당시에는 재정적자 증대에 대한 두려움을 불식시킬 거시경제이론이 없었기 때문에 인프라에 대한 재정 투자는 제한적이었다. 그릇된 통화금융정책으로 1937년에 다시 한 차례 경기침체를 맞은 후에 정부와 대기업 사이의 갈등이 심해졌고 정부는 반독점법 시행을 강화했다. 이 때문에 미국의 뉴딜이 일관성 없는 임기응변의 연속이었다는 평가도 만만찮다.

그럼에도 위기 극복의 상징으로서 뉴딜이 기억되는 것은 새로운 사회질서를 일구어낸 측면에서 뉴딜이 거둔 성공 때문일 것이다. 뉴딜은 재벌을 해체하고 복지국가를 확립함으로써 20세기 중반에 미국 역사상 가장 평등하면서도 가장 높은 경제성장률을 기록한 사회질서를 마련하는 데 성공했다. 이처럼 뉴딜이 사회질서의 전환이라는 성과를 낸 것은 변화된 현실을 반영한 정치사상의 전환과 문화의 변화에 기초하여 제도의 변화를 추진했기 때문이라고 판단된다.

정치사상의 전환은 19세기 '고전적 자유주의'에서 20세기 '현대적 자유주의'로의 전환을 일컫는다. 헌법이 보장해야 할 개인의 기본권을 표현과 결사, 계약의 자유 등과 같은 '정부로부터 자유'에서 실업과 빈곤, 질병, 고령화, 무주택, 무교육 등의 사회경제적 '공포로부터 자유'로 확장해야 한다는 생각의 전환이다. 문화의 변화에 기초한 제도의 변화는 재산권과 계약이라는 사법私法의 두 축과 관련한 규범과 기대의 변화이며 이를 공법公法 차원으로 제도화한 것을 일컫는다.

20세기 초에는, 생산적 재산의 압도적 비중이 소유와 지배가 통합된 토지와 기계의 형태에서 소유와 지배가 분리된 회사 형태로 전환되었다. 이러한 상황에서 뉴딜은, 회사체제가 지속적으로 발전하기 위해서는 회사가 공동체의 이익을 위해 운영되어야 한다는 규범을 정착시켰다. 이를 제도화하는 작업은 두 가지 단계로 수행되었다. 첫 단계로 회사법 영역에서는, 공동체에 대한 회사의 책임에 대한 판단을 회사 지배자들에게 맡기지 않고 회사의 지배자들도 경영자와 마찬가지로 주주에 대한 신인의 의무fiduciary duty를 갖는다는 원칙이 통일적으로 관철되도록 제도화했다. 1차 뉴딜기에 이루어진 증권법과 증권거래법 등의 제정이나 은행법 개정을 통해 은행을 계열화한 기업집단에 대한 연방준비제도 이사회의 감독과 규제를 제도화한 것 등이 그 결과이다. 다음 단계로 회사법 바깥 영역에서는, 회사가 공동체의 이익을 위해 운영될 수 있는 다양한 현실적인 프로그램을 고안하고 사회적으로 받아들여지도록 했다. 2차 뉴딜기 이후의 노동법과 사회보장법, 세법의 제정과 개정 등은 주주의 이익이 공동체의 이익에 자리를 양보하도록 하는 현실적 프로그램을 마련하고 정착하는 작업이었다.

1차 뉴딜과 2차 뉴딜을 통한 금융개혁과 노동개혁은 계약과 관련한 규범과 기대의 변화를 제도화하는 결과를 낳았다. 약속을 지키는 것이 장기적으로 이익이 된다는 판단에 기초하여 이행되는 관계적

계약relational contract의 파기에 따른 시장경제의 붕괴가 대공황의 본질이라고 파악하고 이에 대응하여 국가가 공적인 안전판, 즉 규제와 복지의 공급을 확대하는 방식으로 계약을 사회화하였다. 사적 영역으로서 경제와 공적 영역으로서 정치를 확고하게 분리하는 것이 법치의 이상이라는 고전적 자유주의를 구현한 보통법common law 체제에서 투자자의 권리와 노동자의 복지는 회사 지배자들의 선의에 맡겨졌다. 뉴딜은 증권거래위원회SEC와 전국노사관계위원회NLRB에 의해 자본시장과 노동시장에서 계약 이행이 강제되도록 바꾸어놓았다.

한국판 뉴딜의 성공을 위한 노력

한국판 뉴딜이 미국의 뉴딜을 답습할 필요는 없다. 코로나19로 유례없는 경제 위기가 예견되고 추격형 성장이 지속적으로 둔화되며 산업 패러다임의 변화가 감지되는 상황에서, 고용안전망 강화와 디지털 뉴딜 및 그린 뉴딜을 강조하는 한국판 뉴딜의 방향은 충분한 공감대를 형성할 수 있다. 그러나 위기 극복과 새로운 성장 체제의 마련에서 특정 산업에 대한 정부의 재정 투자가 중심이 되는 계획과 관련해서는 미국의 뉴딜이나 과거의 산업정책으로부터 교훈을 얻어야 할 것이다.

우선, 새로운 성장 체제를 마련하는 일을 특정 산업에 대한 재정 투자나 특정 산업과 관련한 제도 개선으로 국한해서는 안 된다. 기술과 환경의 변화를 반영하여 시장이 잘 작동하도록 하는 원리를 제도화함으로써 경제주체들의 바람직한 행동에 대한 인센티브를 마련하는 노력이 필요하다. 예컨대 디지털과 그린 분야의 육성이 필요하다 하더라도 민간 투자를 활성화하는 규범과 제도의 개혁에 대한 고민이 우선되어야 한다. 고용 위기와 관련해서도 고용보험의 확대 적용뿐만 아니라, 시장 작동 원리의 차원에서 플랫폼 노동의 확산에 대응하는 작업이나 공동 브랜드 가치 관리의 위임이라는 성격과 성과급 고용계약이라는 성격을 동시에 갖는 프랜차이즈 계약의 성격을 반영한 단체교섭의 제도화도 필수적이다.

다음으로, 산업정책에서 육성 분야와 지원 방식의 사전 선택과 관련한 난제를 해결하기 위한 노력도 중요하다. 과거의 산업구조 고도화를 위한 정책에서는 선진국의 경험을 참조할 수 있었고 재벌의 영향력이 오늘날처럼 강하지 않았다. 그러나 디지털 뉴딜과 그린 뉴딜과 관련해서는 기술변화의 방향에 대한 정보가 불확실하고 재벌 대기업들의 영향력은 과거와 비교할 수 없이 강해졌다. 따라서 가시적 성과와 유권자들의 반응을 중시하는 관료와 정치인들에 의한 선택과 재벌의 영향력으로 인한 자원배분의 왜곡을 최소화할 수 있도록 건전한 공론을 형성하는 일이 매우 중요하다. 이는 민·관 컨트롤타워의 설치만으로 해결될 일이 아니다.

또한, 산업정책에 따른 승자와 패자의 문제나 정치적 균형의 변화 문제는 장기적인 경제정책의 방향에 영향을 주기 때문에 성장 체제와 관련하여 중요한 의미를 갖는다. 벌써부터 한국판 뉴딜의 수혜주에 대한 논의가 분분하다. 정부가 2020년에 한국판 뉴딜의 사업계획을 발표하는 과정에서 농업부문이나 국가균형발전을 언급한 것은 다행스러운 일이다. 그러나 산업정책의 장기적인 일반균형에 대해서는 더욱 체계적이고 심도 깊은 성찰이 이루어져야 할 것이다.

끝으로, 정책의 내용과 방식에서 관행을 극복하려는 각별한 노력이 있어야 한다. 얼마만큼의 재정 투자가 몇 개의 일자리를 만들어낼 것이라는 계획이 행정적으로는 필요할 수도 있다. 그러나 가시적 성과를 추산할 수 없는 제도 개혁과 기대 변화를 위한 정책이 더욱 중요할 수도 있다는 점을 명심해야 한다. 아울러 변화의 방향이 불확실한 산업에 대한 정책을 수행하는 데에서는 재정 투자의 방식에서도 자산 구입이나 공공근로 성격의 손쉬운 사업보다 현장의 요구와 지혜를 반영한 창의적인 사업들이 기획될 수 있어야 한다는 점도 각별히 유념해야 할 것이다.

2020.10. 작성

04
인구충격에 대응한 교육개혁의 방향
유·초·중등교육을 중심으로

김희삼
광주과학기술원 기초교육학부 교수

인구구조 변화에 대한 교육계의 관심은 주로 학령인구 감소에 따른 교원과 학교의 입지 불안에 맞춰져 있다. 20년 가까이 계속되는 초저출산에 따른 학령인구 감소에 대응해 교원의 임용과 예산의 투입이 줄어들고 폐교가 늘어날지 모른다는 우려가 그런 것이다. 2032년에는 초·중·고·대학생을 합친 숫자가 1970년 초등학생 수보다 적을 것으로 예상되는 상황이기 때문에 우려하는 것도 당연하다.

우리 교육 시스템과 기반시설은 과거 고출산 시대에 맞춰져 있는 경우가 많다. 가령 초등학교 저학년의 짧은 수업시수授業時數는 입학생 수에 비해 교실이 부족했던 예전 2부제 수업 때의 유산으로 볼 수 있다. 학생 수 감소에도 지방교육재정교부금은 내국세의 일정 비율(현재 20.79%)이 자동 배정되고 있어 이월 및 불용 예산이 2015~2019년간 31조에 육박하고, 교육행정의 비대화 논란도 일고 있다.

그림 4-1 교육단계별 학령인구 추이(단위: 1,000명)

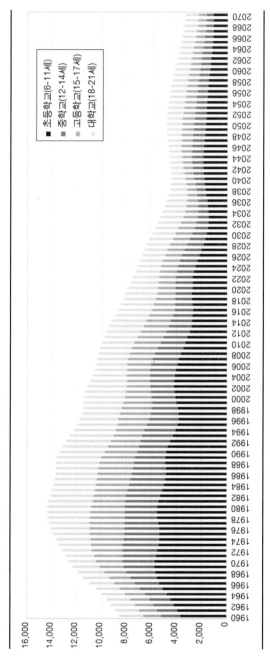

주: 1960~2020년까지는 확정인구이며, 2021년 이후는 인구변동요인별(출생, 사망, 국제이동) 중위가정을 조합한 중위추계 결과임.
자료: 통계청. 장래인구추계(KOSIS 자료 다운로드일: 2022.6.23).

이에 예산당국은 상대적으로 부족한 고등교육 재원을 늘리고 저성장 및 복지지출 증가 등에 대비하기 위해 교육재정교부금 제도 개혁을 포함한 교육재정 투입의 효율성을 꾀하고 있다. 반면 교육계는 교육의 질 제고와 신도시 등 신규 학교 수요 충족을 위해 인력과 재정의 투입이 앞으로도 늘어나거나 유지되어야 한다고 주장하고 있다.

하지만 인구구조의 심대한 변화가 가져올 충격에 맞서 교육 분야에서 대응해야 할 정책 과제는 이보다 훨씬 넓고 중대한 것들이다. 성장잠재력의 저하, 사회자본의 쇠락, 직업세계의 급변, 인공지능의 도전 등 우리가 직면한 도전 과제에 대응하기 위해 여전히 교육에 기대할 수밖에 없는 역할이 크기 때문이다.

먼저 지금까지의 사고 범위와 문제의식이 어느 정도였는지는 다음과 같은 사실에 비추어 점검해 볼 필요가 있다.

첫째, 2030년에는 초등학교 한 반 인원이 평균 13명(기성세대에겐 한 분단 인원) 정도밖에 되지 않을 수도 있다(교사 1인당 학생 수는 10명 정도가 될 수도 있다).

둘째, '노년부양비'(= 65세 이상 노년인구/ 15~64세 생산연령인구)가 2020년에는 21.8%(1980년엔 6.1%)이지만, 2050년에는 무려 78.6%가 된다.

셋째, 65세 이상 인구가 2020년에는 815만 명(2010년엔 537만 명)이지만, 2050년에는 1,900만 명을 넘을 수 있다.

넷째, 전체 인구 중 연령상으로 딱 중간인 중위연령이 2020년에는 44세(1960년에는 19세, 1990년에는 27세)이지만, 2050년에는 58세(2080년에는 63세)가 될 전망이다.

다섯째, 한국경제의 장기성장률(10년 이동평균)은 5년마다 1%p꼴로 하락하고 있다. 정부별로 보면 김영삼 정부 시절 6%대 → 김대중 정부 시절 5%대 → 노무현 정부 시절 4%대 → 이명박 정부 시절 3%대 → 박근혜 정부 시절 2%대로 보수·진보와 무관하게 지속적으로 하락해 왔다.

여섯째, 노동과 자본의 투입 한계를 상쇄할 수 있는 총요소생산성의 성장 기여도가 1990년대 이후 계속 하락하고 있다. 생산성 제고는 인구구조 변화에 따라 생산가능인구가 줄고 평균수명 연장에 따른 저축 고갈 등으로 자본 투입이 둔화되는 것을 상쇄할 수 있는 유일한 보루이다.

일곱째, 장기성장률을 평균교육수준으로 나눈 교육의 성장기여도가 1990년대 이후 계속 하락해 왔다. 한국은 인적 자본 하나에 의지해 성장해 온 나라였는데 말이다.

여덟째, 한국사회의 병리적 현상을 치유하고 성장잠재력 회복을 위한 개혁을 가능하게 할 신뢰, 협력, 공공심 등 사회자본이 계속 저하되어 왔다. 한국의 교육은 사회자본 함양에 별로 도움이 되고 있지 못한 것으로 평가된다.

패러다임의 전환이 필요한 한국 교육

위에서 던진 질문들에 담긴 여러 가지 도전 과제에 대응하기 위해서는 한국 교육의 패러다임적인 전환이 필요하다. 숫자가 크게 줄어든 학생들의 미래사회 대응역량과 생애에 걸친 인적 자본 생산성을 높여야 한다. 4차 산업혁명 시대를 위한 미래사회 역량과 사회자본 함

그림 4-2 생애주기별 학습량의 재조정

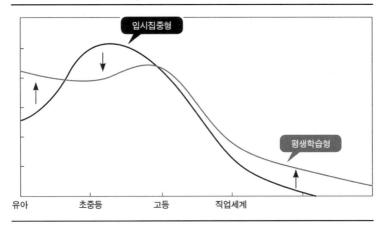

주: 평생직업형 학습곡선은 미래의 패러다임으로서 스웨덴의 지표들을 기준으로 형상화됨.
자료: 채창균, 「인구 충격과 한국 평생교육의 새로운 모색」, 『학예연구보고서 2020-03』, 기획
재정부·글로벌지식협력단지·한국개발연구원, 2020에서 재인용.

양을 위한 사회적 역량은 교집합이 많다. 패러다임 전환의 핵심은 대
학진학에 초점이 맞춰진 일점집중형 교육경쟁 패러다임을 평생에 걸
친 유연한 학습 패러다임으로 전환하는 것이다. 이를 위해서는 초·
중등교육 시기의 과도한 공부 노동을 줄일 수 있게 하고, 그 대신 유
아교육, 고등교육 및 직업교육에 대한 투자와 학습을 늘려나가야 한
다(스웨덴형 전환).

　이 글에서는 이 가운데 유·초·중등교육 단계를 중심으로, 이를
위해 어떤 방향의 노력과 지원 및 개혁이 필요한지를 짚어보고자 한
다. 고등교육과 직업교육(평생학습)에 관한 논의는 지면 제약으로 여
기서 다루지 않는다.

유아기 조기 개입을 통한 발달 격차 축소

생애소득의 불평등 완화를 위한 조기 개입의 중요성은 인적 자본 투자의 수익률이 유아기, 학령기, 성인기로 갈수록 줄어든다는 것에 바탕을 두고 있다. 이는 영유아교육에 대한 투자가 중요하다는 것을 의미한다. 취약계층 아동에 대해 사회성, 인내심 등 비인지능력까지 함양하는 양질의 교육을 제공했을 때 생애에 걸쳐 긍정적인 결과가 나타나는 것은 미국의 페리 프리스쿨 실험 등에서 입증된 바 있다.

유아교육의 질을 높이기 위해 우수한 교사 확보를 위한 투자와 부모를 위한 교육이 필요하다. 우수한 교사를 확보하려면 근무환경과 처우를 개선하고 양성과정의 혁신과 투자 확대가 요구된다. 또한 아동의 지능 및 인성 발달에서 부모의 중요성을 고려할 때 좋은 부모가 되기 위한 교육을 체계화할 필요가 있다. 영유아 단계는 그 중요성에 비해 젊은 부모의 경제력과 육아지식이 부족할 수 있는 시기이며, 과거와 같은 가족·친족 공동체의 육아지원이 뒷받침되지 못하는 경우가 많기 때문이다.

한편 영유아 사교육의 인기상품인 영재교육은 많은 부분 선행학습의 성격이 강하며, 무리한 인지학습 중심의 사교육으로 아동의 건강한 발달을 해치는 경우가 흔하다. 일찍부터 과도한 주입식 사교육에 지쳐 학습에 대한 흥미를 잃거나 자기주도적 학습능력을 키우지 못한다면 급변하는 기술과 직업세계에서 생존해 가야 할 아이의 미래가 밝지 않을 것임을 인식하도록 해야 한다.

학교의 사회자본 함양 강화와 수업 혁신

최근 초등학교의 돌봄 기능 강화에 대한 사회적 요구가 제기되고 있으나, 교육기관의 보육 분담 수용에는 한계가 있는 현실이다. 자녀의 초등학교 입학과 함께 방과 후 돌봄 공백을 메우기 위한 사교육 수요('학원 뺑뺑이')와 일하는 엄마의 경력 단절이 증가한다. 최근 코로나19 상황에서도 초등학교 자녀를 둔 기혼여성 취업자의 고용충격(비경제 활동인구로 전환)이 가장 컸던 것으로 나타났다.

그런데 현재 1~2학년은 1시, 3~4학년은 2시, 5~6학년은 3시에 마치는 초등학교 수업은 국제적으로도 절대 시수가 작은 편이다. 코로나19 영향을 받기 전인 2019년 사교육 참여율도 초등학생 83.5%, 중학생 71.4%, 고등학생 61.0%로 초등학생 대부분은 하교 후에 사교육으로 시간을 보내고 있었다. 초등학교 저학년 시수 연장을 전향적으로 고려하되, 그 전 단계로서 방과후 학교 수업의 질과 참여율을 높이고, 초등 돌봄교실의 경우 학교가 안전사고 등에 대한 책임을 일방적으로 지지 않도록 부담을 덜어줄 필요가 있다.

또한 학령인구 감소에 따라 개선되고 있는 초등학교 교육환경을 미래형 교육으로 전환하는 데에 전략적으로 활용할 수 있다. 줄어든 학급 규모가 반드시 교육성과의 향상으로 나타나지는 않으며, 소규모 학급에 맞는 교수학습법의 전환과 개별학생에 대한 교사의 피드백 강화가 이루어질 때 효과가 있다. 이는 대규모 비용 투입으로 학급당 학생 수를 줄여본 미국의 교육실험 결과 분석에 따른 것인데, 긍정적 효과는 저학년, 학습부진 학생, 취약계층 학생일수록 크게 나타났고 장기적 효과도 있었다.

그리고 초등교육발 미래형 수업혁신 계획이 수립될 경우 필요한 추가 인력 및 재정에 대한 투자 확대를 전향적으로 검토해야 한다. 4차 산업혁명 시대의 핵심역량인 의사소통 및 공감능력, 복잡한 문제의 협력적 해결능력과 더불어 신뢰나 협동심과 같은 사회자본을 함양하는 가장 좋은 방법은 아이들 간의 수평적 상호작용이 많은 수업이다. 이러한 수업은 일방적 주입식 수업보다 시간이 많이 걸리고, 소규모 학급 운영이 필요하므로, 초등학교 수업 시수의 연장(특히 저학년)과 학급 규모의 축소가 요구된다. OECD 평균 수준의 교사 1인당 학생 수를 조기달성하기 위해 교원을 증원하는 것은 설득력이 강하지 않을 것이다. 그러나 4차 산업혁명 대비를 위한 새로운 교수학습법 적용과 기본학력 보장을 위한 교원 및 지원인력 확충과 투자 증대는 필요성이 인정되며, 초등교육에서 투자효과가 크게 나타날 것으로 기대할 수 있다.

미래사회 역량을 기르는 학습으로의 전환

지금은 기술과 인구구조만으로도 사회 급변이 진행되고 있는 시대이다. 지식 전달 위주의 교육에서 미래사회 역량을 기르는 학습으로 바뀌지 않으면 시대 부적응이 커질 것이다.

1) 수업혁명을 위한 지원과 규제 해소
일방향 강의식 수업에서 수평적인 상호작용과 협력적 문제해결,

집단 창의성이 발휘될 수 있는 수업으로 전환하는 수업혁명이 필요하다. 이를 위해서는 교원사회와 교육행정의 변화가 요구된다. 교육부와 교육청은 모든 학교의 모든 교사에게서 수업혁명이 일어날 수 있도록 교수학습 역량을 강화하고, 공문 처리 부담을 줄이며, 교사의 교육과정 운용과 관련된 과잉규제를 해소할 필요가 있다.

2) 평가 및 입시 제도의 변화

학생들 간의 협력을 해치고 견제와 경쟁을 유도하는 기존의 개인별 상대평가를 보완하기 위해 팀 단위의 평가를 도입하고 절대평가를 적절히 확대하는 조치가 필요하다. 초·중등 교육에서는 이미 운영 중인 수행평가제도를 내실화하여 수평적 수업에 맞는 과정 중심 평가에 적용해야 한다. 또 평가의 정점에 있는 대입전형은 평가의 교육적 효과, 즉 타당성과 함께 평가의 공정성을 확보할 필요가 있다. 우리 사회의 낮은 신뢰를 감안할 때 대입제도의 공정성을 높이는 것을 선결 과제로 하되, 사회자본을 함양하고 미래역량을 기를 수 있는 초·중등 교육을 유도하는 타당성 높은 전형으로 개선해야 한다. 대입제도의 변경에 따른 개인적 유·불리와 관련된 갈등을 돌파할 꼼꼼한 준비와 대국민 설득 역량이 필요하다.

3) 고교학점제의 안착

'수업 중에 자는 학생들'로 상징되는 일반고의 위기는 우선선발권을 가진 특목고, 자사고 등의 출현으로 심화된 측면도 있지만, 이질적인 학생들을 획일적인 교육과정에 묶어둔 것이 보다 근본적인 원인이다. 이에 정부는 고교학점제의 2025년 전면시행을 위해 연구학교를 시범 운영해 왔다. 고교학점제의 원칙적 필요성에는 공감대가 형성되어 있으며, 이는 청년실업 문제의 공급 측 요인(준비 없는 사회진출) 해소를 위해서도 의미가 있다. 그 취지를 살리려면 학생들이 저마다의 적성, 능력, 진로계획에 따라 인문·자연 과정 외에 예체능 과정, 실용 과정, 자유 과정(기초 과정과 대안 과정 포함) 등을 선택하여 이수할 수 있게 함으로써 고교 단계의 사회진출 준비를 돕는 것이 필요하다.

그런데 고교학점제가 성공하려면 각 학생에 맞는 선택과목의 운영을 내실화하는 것이 핵심이므로, 이에 대한 투자가 중요하다. 단위학교에서 사회적 수요와 각 학생의 적성에 맞는 과목들을 개설하려면 해당 전공 교원 수급의 신축성이 필요하다. 그러나 현재 일선학교의 선택과목 운용은 수요를 잘 반영하지 못하고 있으며, 외부강사의 채용에도 소극적인 경우가 많다. 개별교사의 복수과목 전공이 장려되고 있지만 타 과목 연수를 통해 복수과목을 가르치거나 과목 전향을 하는 것을 꺼리는 경우가 많다. 예체능 과정 등 학생 수요를 맞추기 위한 외부강사의 채용에도 소극적인 분위기이다.

교원단체 등 교육계는 교사 부족, 교사 부담 가중, 학교 간 격차, 대입제도와의 괴리 등 다양한 이유로 고교학점제 도입에 대한 회의론을 펴고 있다. 10년 전 한국인에게 부족한 영어 말하기와 쓰기 능력을 기를 수 있도록 개발한 국가영어능력평가NEAT의 도입과 수능영어 대체가 학교 현장의 준비 부족을 이유로 무산된 실패 사례가 연상되는 상황이다.

정부는 교육계의 명분 있는 우려에 대해서 내실 있는 대책을 준비하고 작동 여부를 점검해야 한다. 선택과목을 담당할 교사 부족 문제는 미래교육 관련 수요가 증가하는 분야를 중심으로 신규 교사를 확충하고, 현직 교원의 복수과목 강의 능력 배양을 지원하며, 외부 강사를 적극적으로 활용함으로써 해결해야 한다. 지역 간, 학교 간 격차는 지역대학의 교수·강사 등의 초빙과 학교 간 교육자원 공유, 온라인 교육과정 확대 등으로 보완해야 한다.

또한 고교학점제의 안착을 위해 교육과정과 평가의 조화가 필요하다. 학생 수가 매우 적은 선택과목도 있으므로 9등급 상대평가 대신 절대평가를 적용해야 한다. 이수 기준을 충족하지 못하면 학점을 인정하지 않는 방식으로 학생의 규율과 교사의 책무성을 도입해야 한다. 새로 준비할 대입제도 역시 교육과정의 개별화 방향에 부응하도록 설계해야 한다.

중기적 제도 개혁 과제

교육의 질은 교사의 질을 넘어설 수 없는 만큼 교원 양성제도의 검토도 필요하다. 학령인구 감소에 대응한 학제 개편과 함께 중기적 개혁 과제로 고려할 때가 된 것이다.

1) 교원 양성 및 임용 방식의 전환

한국은 교·사대 중심의 목적형 교원 양성기관에서 교사를 배출해 왔는데, 이 방식이 추격형 산업화 시대 및 학령인구가 증가하는 공교육 팽창기에는 효율적이었다. 그러나 지금은 쓸모 있는 지식의 수명이 급속히 짧아져 교원의 재교육만으로 시대에 맞는 교육을 제공하기 힘들어졌다. 또한 오랜 초저출산으로 이미 임용 절벽이 가팔라졌고, 사범대는 목적형 기관으로서의 정체성을 진작에 잃었다. 급변하는 시대가 요구하고 학생들의 미래를 위해 필요한 역량을 길러줄 수 있는 다양한 분야의 전문가들이 교직 적성검사와 연수를 거쳐 교사가 될 수 있도록, 교원 임용 방식을 개방형으로 전환해 가는 것을 검토할 필요가 있다.

2) 유·초등 및 중등으로의 학제 개편

유아교육 확대를 위해 유치원을 의무교육에 포함해 초등학교와 통합 운영하는 방안도 검토할 수 있을 것이다. 학생이 줄어 폐교나 통폐합 위기에 몰린 초등학교의 유휴시설을 활용할 수 있고, 축소 압력을 받고 있는 교육대학에서 유아교육 교사를 양성하는 새로운 역할도 할 수 있다.

또한 중학교와 고등학교를 통합한 중등학교체제로 전환하여, 앞의 3년은 공통과목 중심으로 하고 뒤의 2~3년은 선택과목을 늘려 운영하는 방안도 모색할 수 있다. 중등교육체제 개편의 과도기 동안 공통과목은 기존의 중등교사진 중심으로 가르치고, 학점제로 전환한 고교 과정 선택과목은 다양한 분야의 전문가 강사진이 담당하게 하여 교수자 수급의 유연성을 국가 차원에서, 그리고 학교 차원에서도 제고할 수 있을 것이다.

2021.8. 작성

05
새 정부에 바라는 세제 개혁

강병구

인하대학교 경제학과 교수

「윤석열 정부 110대 국정과제」에 따르면 국정과제 이행을 위해 약 209조 원의 추가재원이 소요될 것으로 추정되지만, 강력한 재정지출의 재구조화와 경제성장에 따른 세수증가 이외에 구체적인 재원 조달 방안은 제시되지 않았다. 하지만 의무지출의 비중이 증가하는 추세에서 재정지출 구조조정을 통한 재원 조달에는 한계가 있고, 경기회복에 따른 세입 증대 또한 불확실성이 크기 때문에 공약 이행에 필요한 재원을 확보하기는 어려울 것으로 판단된다. 더욱이 법인세 최고세율 인하, 상속증여세 완화, 부동산보유세 및 양도소득세 완화, 주식양도소득세의 폐지 등 감세 정책이 추진될 경우 국가채무는 더 큰 폭으로 증가할 것이다. 이러한 우려를 불식시키기 위해 새 정부는 공약 이행에 필요한 재원의 안정적인 확보는 물론 복지국가의 지속가능성을 담보할 수 있는 세제 개혁의 로드맵을 명확히 제시해야 한다.

개혁 방향: 누진적 보편증세

누진적 보편증세는 보편주의와 선별주의 복지제도가 합리적으로 결합하는 복지체제에 조응하는 조세체계이다. 우리는 복지국가 발전의 역사적 경험을 통해서 불평등의 축소와 인적 자본에 대한 투자가 생산성 향상과 고용 창출을 유발하고, 세수 기반의 확충으로 이어져 재정건전성도 보장하게 된다는 사실을 확인할 수 있다. 새 정부는 한국사회에 고유한 방식으로 분배와 고용, 재정건전성의 선순환에 기여할 수 있는 조세체계를 구축하고 발전시켜야 한다.

특히 재정건전성을 넘어 '복지국가의 지속가능성'을 위해서는 '넓은 세원 적정 세율'의 원칙하에 모든 국민이 부담하되 능력에 따라 차등적으로 분담하여 조세의 공평성을 높여야 한다. 증세의 우선순위는 소득세와 자산세 중심의 세입확충을 기반으로 고용안전망과 사회안전망을 확충하면서 재정지출의 증가에 따라 점차 소비 과세의 확충도 모색해야 한다. 다만, 부가가치세의 인상은 역진적인 성격과 인플레이션 등 경제에 미치는 파급효과를 고려하여 신중해야 하며, 인플레이션이 우려되는 상황에서는 부가가치세보다 사치품이나 교정 과세의 목적으로 부과하는 개별소비세를 개편하는 것이 바람직하다. 나아가 사회보험재정의 안정화를 위한 급여 및 보험료율의 개편도 추진해야 한다.

한편 조세의 정책기능을 활용하여 우리 사회가 직면하고 있는 사회경제적 문제에 적극적으로 대응해야 한다. 주택가격 안정을 위한 부동산세제의 개편, 신기후체제에 대응한 환경·에너지세제의 개편

그림 5-1 세제 개혁의 방향

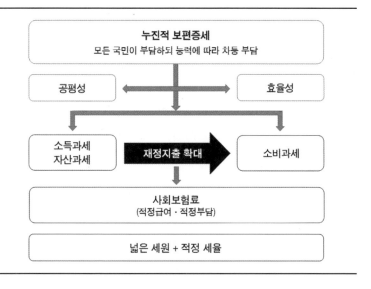

과 탄소세의 도입, 적극적인 조세회피와 무분별한 조세경쟁을 방지하기 위한 디지털세의 도입 등을 검토해야 한다.

소득세 최고세율 과표구간을 낮추어야

소득세 최고세율이 적용되는 과세표준의 시작점을 낮추고, 중하위 소득구간에서도 세율인상을 모색해야 한다. 한국의 소득세 최고세율이 적용되기 시작하는 과세표준은 매우 높아서 2020년 최고세율을 적용받는 근로소득 신고자는 0.07%이고, 이들의 과세대상 소득은 전체의 1.7%에 지나지 않는다. 더욱이 2012년 이후 고소득 구간을 중심으로 한계세율이 인상되었지만, 고소득층만을 대상으로 한

세율인상으로는 세수확충에 한계가 있다. 초과누진세제하에서는 중하위 소득구간에서 세율이 인상되면 고소득층의 세 부담도 더 크게 증가한다.

과세형평성 차원에서 상장주식 양도차익 기본공제와 금융소득(이자, 배당)에 대한 과세 기준금액을 낮추고 궁극적으로는 종합과세해야 한다. 현재 금융소득에 대해서는 1인당 2,000만 원까지 14%로 분리과세하고, 임대소득의 경우는 분리과세할 수 있는 선택권이 주어진다. 대주주의 주식 양도차익에 대해서는 과세표준 3억 원 이하에 대해 20%, 3억 원 초과분에 대해 25%의 세율로 과세한다. 파생상품의 양도차익에 대해서는 10%의 단일세율을 적용하고, 개인이 직접 투자한 채권의 매매차익에 대해서는 과세조차 하지 않는다. 2023년부터 국내외 주식, 채권, 파생상품 등 금융투자상품을 통해 실현된 양도소득 등을 모두 합산해 과세하는 '금융투자소득세'의 경우, 손익통상과 이월공제를 적용하면서 5,000만 원(국내 상장주식) 또는 250만 원(기타 투자소득)의 기본공제를 적용 후 3억 원 이하 20%, 3억 원 초과분 25%의 세율을 부과할 예정이다.

소득세 공제제도는 저출산·고령화에 대응하면서 공적 이전소득과 현물급여를 종합적으로 고려하여 개편해야 한다. 근로소득공제를 축소하되 인적 공제를 확대하여 가계 단위의 생계지원을 강화하고, 고등학교 무상교육과 대학 국가장학금 확대에 따라 자녀 교육비 공제를 축소·폐지하며, 기초연금의 확대에 따라 경로우대공제를 정비해야 한다. 사업자의 소득포착률이 높아진 현실을 고려하여 근로소득세액공제는 폐지하고, 사업자 과표 양성화를 위해 도입된 신용카드 소득공제도 점진적으로 축소·폐지해야 한다.

법인세율 체계를 단순화하고 공제·감면을 정리해야

먼저 법인세율 체계를 2~3단계로 단순화하면서 최저세율을 인상하고 최고세율이 적용되는 과세표준을 낮추어 최고세율과 최저세율의 격차를 축소해야 한다. 한국, 네덜란드, 룩셈부르크를 제외한 OECD 회원국은 단일세율을 적용하고 있지만, 한국의 경우 대기업으로의 경제력 집중과 기업지배구조를 고려할 때 누진세율이 과세형평성의 측면에서 적절하다.

법인세 공제·감면 중 최저한세를 적용받지 않는 항목을 축소하고 과세표준 3,000억 원 초과분에 적용하는 최저한세율을 인상하여 정책 목적에 비추어 법인세 감면 혜택이 과도하지 않도록 조정해야 한다. 2020년 법인세 공제 및 감면액의 63.6%가 대기업과 중견기업에 귀속되고, 57.8%는 최저한세의 적용을 받지 않는다. 더욱이 2017년 법인세법 개정으로 과세표준 3,000억 원 초과액에 적용되는 법인세율이 22%에서 25%로 인상되었지만, 과세표준 1,000억 원 초과액에 적용하는 최저한세율은 여전히 17%를 유지하고 있다.

이러한 법인세제의 특성에 따라 한국의 법인세 명목 최고세율은 OECD 회원국 평균을 상회하지만, 실효세율은 그다지 높지 않다. 한국의 2020년 법인세 실효세율(지방세 포함)은 20.5%로 영국(2020년 19.8%)보다는 높고, 일본(2019년 25.1%), 미국(2019년 21.0%), 캐나다(2018년 22.5%), 오스트레일리아(2020년 24.8%)보다는 낮다. 특히 미국의 법인세 실효세율이 낮은 이유는 개인소득세 단계에서 배당소득을 공제하지 않기 때문이다. 반면에 한국을 비롯하여 다수의 국가에서는 법인세와 개인소득세 간 이중과세 조정 차원에서 배당소득에 세액공제를 적용한다.

자산소득에 과세를 강화해야

한국의 가구 자산의 불평등도는 소득보다 크고 최근 확대되는 경향을 보인다. 자산소득이 생산과 재생산의 기반을 형성하게 되면, 경제의 생산 동력이 떨어지기 때문에 자본주의 시장경제의 역동성을 유지하기 위해서도 자산에 대한 과세를 강화해야 한다. 먼저 부동산세는 조세부담의 형평성을 높이고, 부동산의 가격안정을 도모하는 방향으로 개편되어야 한다. 2019년 한국의 부동산보유세 실효세율은 0.17%로 OECD 14개 회원국 평균(0.31%)보다 낮지만, GDP 대비 민간부동산의 자산가치는 5.5배로 OECD 회원국 평균(3.8배)보다 높다. 이로 인해 GDP 대비 부동산보유세 비중(0.9%)이 OECD 회원국 평균(1.0%)에 근접하고 있다. 하지만 한국 부동산 공시가격의 시가반영률은 낮고, 유형별, 지역별, 가격대별로 불균등한 상태에 있다. 따라서 공시가격의 시가반영률을 개선하여 응능과세의 원칙이 적용되도록 해야 한다. 다만, 가구의 유동성을 고려하여 과세이연제도를 도입하고, 사회보장제도의 선정 기준에 재산가액을 반영하는 경우에는 주택가격의 상승으로 인해 기존의 수급자들이 탈락하지 않도록 조정장치를 마련해야 한다.

부동산 양도소득세는 자본이득capital gain에 대한 과세로서 거래세인 취득세와 성격을 달리한다. 다주택자에 대한 보유세는 물론 양도소득세를 강화해 투기적 수요를 차단하고, 1세대 1주택자에 대한 비과세 방식도 응익과세의 원칙에 부합하도록 실거래가격이 아니라 양도차익 기준으로 개편해야 한다. 잦은 거래빈도와 비싼 주택가격은 높은 취득세수 비중의 주된 원인이기 때문에 취득세율의 인하 여부는 신중히 판단해야 한다. 박근혜 정부는 2013년 12월 지방세법 개정을 통해 취득세율을 낮추면서 지방세 수입을 지원하기 위해 지방소비세를 부가가치세액의 5%에서 11%로 높였다. 종합부동산세 수입은 부동산교부세를 통해 전액 지방 재원으로 이전되기 때문에 취득세 인하의 여지는 있지만, 취득세 실효세율과 종부세의 지출 용도 변경 여부 등을 종합적으로 고려해야 한다.

한편 상속세 및 증여세는 OECD 회원국 중 24개 국가에서 도입하고 있다. 상속세의 경우 한국을 포함하여 4개 국가는 유산세 방식을 채택하고 있지만, 20개 국가는 유산취득세 방식을 적용하고 있다. 2020년 상속 및 증여 재산가액 중 과세대상 비율은 각각 46.7%와 69.6%로 증여재산에 대한 과세비율이 높지만, 실효세율은 증여세가 낮다. 과세미달자를 포함한 상속 및 증여세의 실효세율은 각각 9.2%와 7.3%이고, 과세미달자를 제외할 경우 실효세율은 각각 19.7%와 10.6%이다.

상속세를 기존의 유산세에서 유산취득세로 개편할 경우, 조세회피와 탈세 방지를 위한 장치가 필요하고, 세수 중립과 공정과세를 고려하여 세율체계와 증여세를 동시에 개편해야 한다. 일본의 경우

1950년 유산세에서 유산취득세로 전환하였으나, 세부담 경감을 위한 위장분할 등의 문제점으로 1958년 법정상속분 과세방식으로 변경하였다.

일감 몰아주기 과세에서 정상거래비율과 주식의 한계보유비율을 기본공제율로 적용하는 것은 '소득 있는 곳에 세금 있다'는 원칙에서 그 존치 여부를 검토할 필요가 있다. 일감 몰아주기 증여이익의 계산에서 중소기업, 중견기업, 대기업의 정상거래비율은 각각 50%, 20%, 5%이고, 중소기업과 중견기업에 적용하는 한계보유비율은 각각 10%와 5%이다. 더욱이 매출액 3,000억 원 미만인 기업에게 최대 500억 원을 공제하는 가업상속공제는 재산상속을 통한 부의 세습과 집중을 완화하여 국민의 경제적 균등을 도모한다는 상속 및 증여세 본연의 기능에도 부합하지 않는다. 가업상속공제를 축소하되 상속세로 가업의 지속이 어려운 경우에는 과세이연제도를 적용하여 세부담을 분산시켜야 한다.

과세기반을 확충해야

과세기반의 확충을 위해서는 조세지출의 정비, 지하경제의 양성화, 역외탈세의 방지, 다국적 기업의 조세회피를 차단하기 위한 디지털세의 도입 등이 필요하다. 먼저 조세지출은 관리가능성을 기준으로 구조적 지출, 잠재적 관리대상, 적극적 관리대상의 세 가지로 구분된다. 이 가운데 적극적 관리대상은 정비대상으로 최근 그 규모가 상대적으로 빠르게 증가하고 있다. 2020년 국세감면액 52.9조 원 중

40.4%인 21.4조 원이 적극적 관리대상이며, 신용카드 등의 사용에 따른 세액공제(2.8조 원)와 중소기업에 대한 특별세액감면(2.2조 원)이 큰 비중을 차지하고 있다.

다만, 적극적 관리대상으로 분류된 모든 조세지출 항목을 정비하는 것은 바람직하지 않다. 특히 조세지출을 통해 고용이 증대되고 투자가 촉진된다면 그 자체로 순기능의 역할을 하고, 이로 인해 가계와 기업의 소득이 증가하여 세수손실이 크지 않을 수도 있기 때문이다. 따라서 조세특례제도 중 어떤 항목을 정비대상에 포함할지는 그 제도의 효과성을 종합적으로 평가하여 판단해야 한다.

지하경제shadow economy는 시장에서 합법적으로 생산되지만, 각종 세금과 사회보장기여금의 납부, 법적으로 규정된 노동시장 기준, 기타 행정적인 의무사항 등을 피하려고 의도적으로 과세당국에 신고하지 않은 모든 재화와 용역을 포함한다. 지하경제와 탈세tax evasion가 반드시 일치하지는 않지만 대부분의 지하경제 활동은 탈세를 의미하며, 따라서 탈세에 영향을 미치는 요소들은 대체로 지하경제에도 영향을 준다. 한국의 지하경제 규모는 감소 추세에 있지만, 여전히 OECD 회원국 평균보다 높은 것으로 평가된다. 지하경제의 양성화를 위해서는 세원의 철저한 관리, 조세 정보의 투명한 공개, 자발적 납세협력을 유도하기 위한 유인체계의 구축과 함께 탈세 행위에 대한 처벌 강화가 필요하다. 역외탈세 방지를 위해서는 조세피난처를 이용하는 납세자에게 입증책임 부과, 탈세를 목적으로 조세피난처에 설립된 법인에 대한 법인격 부인, 해외금융계좌의 신고기준(5억 원) 인하와 신고대상자 범위의 확대, 내부고발자에 대한 보호 규정과

차명금융계좌에 대한 처벌의 강화 등이 필요하다.

한편 디지털세는 필라1(매출발생국에 과세권 부과)과 필라2(글로벌 최저한세 도입)로 구성되며, 141개국이 참여한 OECD/G20 포괄적 이행체계IF는 2023년 시행을 목표로 글로벌 최저한세 모델 규정을 발표했다. 이에 따르면 특정 국가에서 연결매출액 7.5억 유로 이상 다국적 기업의 소득에 대해 최저한세율(15%)보다 낮은 실효세율을 적용할 때는 다른 국가에 추가 과세권을 부여한다. 2023년부터 발효 및 시행을 목표로 추진되고 있는 디지털세 도입에 대응하여 법인세의 공제·감면, 최저한세율, 조세특례 등을 개편해야 한다.

환경·에너지세제 개편으로 탄소중립을 실현해야

한국은 에너지원별로 다양한 세금을 부과하고 있다. 휘발유와 경유에는 교통·에너지·환경세를 부과하고 LPG, 등유, 중유, LNG, 유연탄 등에는 개별소비세를 부과한다. 일부 에너지원에는 교육세와 자동차세(주행분)가 부가세로 과세되며, 부과금 등 준조세가 부과되기도 한다. 2020년에 유연탄을 제외한 에너지세 수입은 22.7조 원에 이르렀다. 한편 실효탄소가격Effective Carbon Rate이 탄소비용에 근접하는 정도를 나타내는 탄소가격점수Carbon Pricing Score는 2018년 기준 49%로서 OECD 회원국 전체의 19%보다 높아서 실효탄소가격이 탄소비용에 상당히 근접해 있다. 한편 정부의 '2030 온실가스 감축목표'에 따르면 2030년 온실가스 배출량은 4억 3,660만 톤으로 2018년 7억 2,760만 톤 대비 40%를 감축하고, '2050 탄소중립 시나리오'에 따르면 2050년에는 석탄을 전혀 사용하지 않는 것으로 계획되어 있다.

환경·에너지세제는 에너지원별 상대가격의 조정과 절대적인 에너지 소비량의 감축이라는 교정적 기능을 강화하는 방향으로 개편하고, 발전부문으로 확대해야 한다. 또한 유럽연합이 2026년 공식 시행을 선언하고 미국이 관련 법안을 발의한 탄소국경세에 대응하면서 탄소세의 도입 방안을 모색해야 한다. 다만, 환경·에너지세제의 강화는 세입확충 및 환경비용의 감소와 함께 물가상승과 소득분배구조를 악화시킬 수 있기에, 이를 통해 확보된 세수는 환경·에너지 분야에 대한 지출뿐만 아니라 복지지출 재원으로 활용하는 방안도 모색해야 한다.

2022. 4. 작성

06
잘 알려지지 않은 국토보유세의 진실
장점과 도입 방안

전강수
대구가톨릭대학교 경제금융부동산학과 교수

노무현 정부가 도입한 종부세는 장점이 많은 세금

종부세는 부동산보유세를 강화해 투기를 근절하고자 했던 노무현 정부 부동산 정책의 상징이었다. 2003년과 2004년 과표 현실화를 통해 부동산보유세 강화 정책을 추진했던 노무현 정부는 2005년에는 부동산보유세 구조를 개편하여 그 정책을 정착시키려고 했다. 그때까지 부동산보유세는 재산세와 종합토지세로 양분되어 있었는데 둘 다 지방세였다. 그 상태에서 부동산보유세를 의미 있게 강화하는 것이 불가능함을 간파한 노무현 정부는 아예 국세를 신설하여 보유세 강화 정책을 밀고 나가기로 결정했다. 종부세는 그 노력의 결실이었다.

종부세 이전의 재산세는 시가 상응 과세를 실현하지 못해서 값싼 주택의 소유자가 비싼 주택의 소유자보다 오히려 세금을 더 내는 불공평이 만연했다. 또 재산세와 종합토지세 모두 조세 부담이 너무 가벼워서, 부동산에서 생기는 불로소득을 차단하기에는 역부족이라는 결함이 있기도 했다. 당시 보유세 강화와 시가 상응 과세 실현은 한국 부동산 조세정책의 오래된 숙제였다. 노무현 정부는 이 과제를 외면하지 않고 해결하려고 노력한 최초의 정부였다.

종부세는 토지뿐만 아니라 건물에도 부과하고, 전체 소유자가 아니라 소수의 고액 소유자를 대상으로 하며, 비례세율이 아니라 누진세율을 적용하는 등, 이상적인 토지보유세와는 거리가 있지만, 그래도 장점이 많은 세금이다. 이준구 서울대 명예교수의 말에 따르면, 이 세금은 국세 보유세로서 그 어떤 규제보다도 부동산 가격을 안정시키는 효과가 크고, 고소득층보다 중산층이 상대적으로 무거운 조세를 부담하는 전체 세제의 불공평성을 보완하며, 세무 전문가를 동원해 봤자 납세액을 줄이기가 어렵고, 세수의 상당 부분을 지방자치단체에 이양해 지자체 간 재정 능력의 격차를 줄인다.

이명박 전 대통령은 취임 직후 규제 혁파를 명분으로 도로 중간에 설치되어 있던 전봇대를 뽑는 이벤트를 벌인 다음 바로 종부세 무력화 작전에 돌입했다. 노무현 정부의 잘못된 부동산 정책을 바로잡는다는 취지였다. 이명박 정부는 수개월간 야당·시민단체와 공방을 벌이다가 2008년 11월 헌법재판소가 종합부동산세법 일부 조항에 대해 위헌 및 헌법불합치 판정을 내린 것을 빌미로 종부세 무력화를 단행했다. 과세기준을 올려 대상자를 크게 줄이고, 세율을 낮췄으며, 과표구간도 세 부담을 경감하는 방향으로 조정했다. 2007년 48만 명에 달했던 과세 대상자는 2009년 21만 명으로 감소했고, 세수도 같은 기간에 2조 7,671억 원에서 9,677억 원으로 격감했다. 만일 이때 이명박 정부가 종부세를 무력화하지 않았더라면, 작금의 아파트값 폭등은 일어나지 않았을 가능성이 크다.

종부세의 결함

하지만 종부세에는 결함도 있다. 극소수의 부동산 과다 보유자에게만 부과하기 때문에 증세 여지가 적어서 보유세 강화를 의미 있게 추진하기에는 부적절한 수단이다. 응집된 소수의 격렬한 조세저항을 유발하기 쉬운 반면, 수혜자는 잘 드러나지 않아서 조세저항에 맞설 사회세력이 형성되지 않는다.

또한 별도합산 과세대상인 상가·빌딩 부속토지에는 종합합산 과세대상보다 훨씬 가벼운 세금이 부과되어 형평성의 문제도 심각하다. 상가·빌딩의 부속토지 중에는 대기업과 금융기관 그리고 소위 '갓물주'라 불리는 사람들이 도시에서 보유한 토지가 많다. 이론적으로 보면 토지뿐 아니라 건물에도 과세한다는 문제가 있다. 건물보유세는 건축 행위를 위축시키고 조세전가를 수반한다. 노벨경제학상 수상자 윌리엄 비크리William Vickrey가 부동산보유세를 두고 '최선의 세금과 최악의 세금이 결합된 세금'이라고 평했던 것은 이 때문이다. 여기서 최선의 세금은 토지보유세, 최악의 세금은 건물보유세이다.

'핀셋 증세'로 종부세를 왜곡시킨 문재인 정부

문재인 정부는 출범 후 내내 부동산보유세 강화에 소극적인 태도를 보이다가 2020년 7월에 와서야 법인 소유 주택과 규제지역 다주택자 소유 주택을 중심으로 종부세를 대폭 강화했다. 소위 '핀셋 증세' 방식으로 보유세 강화에 착수한 셈인데, 여기에는 '1주택자는 실수요자, 다주택자와 법인은 투기꾼'이라는 프레임이 강하게 작용했다. 정책 당국자들은, 작금의 투기 열풍이 다주택을 보유한 일부 투기꾼들의 탐욕스러운 행동 때문에 발생했으므로, 이들에게 중과세와 규제라는 '벌칙'을 부과하면 열풍을 잠재울 수 있다고 믿었다. 부분적 진리만을 담은 이 프레임 때문에, '부동산보유세는 벌금이요, 1주택자에게는 투기적 동기가 없다'는 오해가 사회 전반에 퍼졌다. 물론 소수의 민첩한 투기꾼들이 투기 열풍을 선도한 것은 사실이다. 문제는 다수 국민이 그들을 따라 투기에 가담했다는 사실이다. 문재인 정부 정책 입안자들은 1주택자도 얼마든지 투기적 동기의 영향을 받을 수 있다는 사실을 애써 무시했다.

부동산보유세는 투기행위를 징벌하기 위해 부과하는 세금이 아니다. 사유재산이지만 국민의 공공재산이라는 성질도 갖는 토지를 보유하면서 그로부터 편익과 소득을 얻는 데 대해 대가를 징수하는 것이 보유세이다. 물론 이 세금을 강화하면 조세의 자본화 효과에 따라 부동산가격이 하락한다. 다른 말로 하면 부동산보유자가 부담하는 보유비용이 늘어나므로 사람들은 공연히 불필요한 부동산을 가지려고 하지 않는다. 부동산보유세는 이런 효과를 유발해 결과적으로 부동산투기를 억제하기는 하지만, 투기꾼을 타깃으로 부과하는 벌금은 아니다.

잘 알려지지 않았지만, 문재인 정부의 종부세 개편에는 세제를 심각하게 왜곡시키는 내용이 담겼다는 점에도 유의할 필요가 있다. 기존의 종부세가 주택, 토지, 빌딩 부속토지를 각기 다른 방식으로 과세하는 용도별 차등과세의 문제점을 안고 있었는데, 문재인 정부는 토지와 빌딩은 외면하고 오로지 주택 종부세만 강화함으로써 이 문제를 더 악화시켰을 뿐만 아니라, 지역, 주택 수, 소유자의 성격(개인이냐 법인이냐)을 기준으로 세율을 다르게 적용하는 또 다른 차등과세를 도입함으로써 왜곡을 증폭시켰다. 그러니 자원 배분이 더 왜곡되고 형평성 문제가 제기되는 것은 불가피하다.

2021년 강화된 종부세가 실제로 부과되면서 납세자들 사이에서 엄청난 불만이 쏟아져 나왔는데, 이를 단순히 부동산 부자들의 이기적 행동으로만 치부할 수는 없다. 특수 사례에 초점을 맞춰서 '종부세 폭탄론'을 유포하는 보수 언론과 경제지들의 보도도 전부 가짜뉴스인 것은 아니다. 예컨대 소유 부동산 가액은 같은데도 소유 주택 수가 다르다는 이유 때문에 과세액에 큰 차이가 발생한 사례, 협동조합 주택이나 공동체 주택에 무거운 종부세가 부과된 사례, 불가피한 이유로 일시적 2주택자가 된 사람의 종부세액이 전년에 비해 폭증한 사례 등은 현행 제도의 결함 때문에 발생한 것이다.

국토보유세의 장점과 세련된 도입 방법

국토보유세는 종부세의 여러 결함을 해소하는 세금이다. 첫째, 각종 차등과세를 폐지한다. 개인이냐 법인이냐를 가리지 않고, 주택이냐 토지냐 빌딩 부속토지냐도 가리지 않고 한 주체가 전국에 소유하는 토지의 공시가격을 인별 합산해서 동일한 기준과 방법으로 일률 과세한다. 과표구간과 세율은 당연히 한 종류이다. 다만, 농지나 공장용지 등 생산적 용도로 사용되는 토지는 합산 시에 일정 비율을 할인하는 방법으로 특수 사정을 반영한다.

둘째, 종부세와 달리 국토보유세는 토지에만 부과하고, 극소수의 부동산 과다보유자가 아니라 전체 토지 보유자에게 부과한다. 이는 종부세에 포함되어 있던 '최악의 세금'이라는 속성을 제거하기 위한 것이다.

셋째, 국토보유세 세수 순증분은 모든 국민에게 n분의 1씩 국토배당금으로 분배한다. 공유부共有富에서 나오는 수입을 기본소득으로 분배한다는 원칙을 적용하는 것이다. 이는 주식회사가 주주에게 배당금을 지급하는 원리와 똑같다. 토지는 공유부에서 윗자리를 차지하는 중요 자원이므로, 국토보유세 세수 순증분을 국토배당금으로 지급하는 것은 지극히 정당하다. 이렇게 '기본소득 연계형 국토보유세'를 적절히 설계해서 시행하면 90% 이상의 국민이 순수혜자가 된다는 시뮬레이션 결과가 이미 나와 있다. 종부세는 그 세금으로 혜택을 입는 사람이 누구인지 드러나지 않았기 때문에, 소수의 조세저항을 막아설 사회세력이 등장하기 어려웠다. 그러나 국토보유세는 그렇지 않다. 순수혜자가 될 90% 이상의 국민은 순부담자들이 벌일 조세저항을 막아설 강력한 방파제 역할을 할 것이다.

넷째, 지방세인 재산세는 현행대로 유지한다. 국토보유세 부과 시에 토지분 재산세 상당액은 공제하여 이중과세의 소지를 없앤다. 재산세를 건드리지 않는 것은 그것까지 개편하고자 하는 경우 정치적 부담이 너무 커지는 것을 감안했기 때문이다.

국토보유세를 걷어서 기본소득으로 나눠준다고 하면, 모든 국민에게 똑같은 금액을 지급한다는 점 때문에 이데올로기적 반감을 표하는 사람들도 있고, '기본'소득이라 부르기에는 금액이 너무 적다며 반대하는 사람들도 있다. 지금까지 안 내던 세금을 내야 하는 토지소유자들은 나중에 기본소득을 받을 것까지 생각하지 않고 일단 세금을 더 내야 한다는 사실만으로 불쾌하게 여길 수도 있다. 이들의 반감과 비난을 지혜롭게 피해 가려면 세수 순증분을 단순 분배하기보다는 좀 더 세련된 방법으로 접근할 필요가 있다.

우선, 먼저 국토보유세를 걷은 다음에 그 세수를 n분의 1씩 나누어 국토배당금으로 분배하지 않고 가구별로 국토보유세 납부액과 국토배당금의 차액을 계산해서 그 금액을 지급하거나 징수하는 방법이 있을 것이다. 이는 밀턴 프리드먼Milton Friedman이 주창한 마이너스 소득세의 원리를 원용하는 것으로, 이때 국토보유세 납부와 국토배당금 수급은 실제로 이뤄지지는 않고 고지서에 표기될 뿐이다. 일정 가액 이하의 토지를 소유한다면 마이너스 국토보유세를 납부(즉, 보조금을 수령)하게 될 텐데, 여기에 해당하는 사람은 새로운 세금을 더 낸다고 생각하지 않고 오히려 국가로부터 새로운 지원을 받는다고 여길 것이다.

다음으로, 국토배당금을 매년 현금으로 지급하지 않고 연금보험에 보험료로 대납해 주는 방법이다. 이를 위해 공적 연금보험을 새로 하나 만드는데, 이름은 '기본소득연금보험' 정도로 붙이면 좋겠다. 모든 국민은 스스로 보험료를 내지 않고서도 일정 기간이 지난 후부터 연금을 받게 된다. 보험료 납입 기간과 연금 수급 기간은 제도 설계를 어떻게 하느냐에 따라 달라질 수 있다. 이 방법을 활용하면 국토보유세 세수를 푼돈으로 나눠주고 끝낸다는 비판이 더는 나오지 않을 것이다.

당연한 일이겠지만, 이상과 같은 내용으로 국토보유세를 도입할 경우 몇 가지 제도 정비가 선행되어야 한다. 특히 토지가치 평가제도의 개선은 필수적이다. 현행 토지가치 평가제도는 집합건물에 대해 취약점이 있다. 토지 지분으로 토지가치를 평가하기 때문에, 주택 가격이 수십억 원임에도 토지가치는 얼마 되지 않는 모순이 나타난다. 미국 등지에서 시행하고 있는 잔여가치법 도입이 절실히 필요하다. 잔여가치법이란 부동산가격에서 건물의 잔존가치를 빼서 토지가치를 계산하는 평가방법이다. 토지가치 평가제도의 개선에 시간이 걸리는 점을 고려하면, 우선 종합합산 토지(나대지 등)와 별도합산 토지(상가·빌딩 부속토지)부터 통합해서 국토보유세를 과세하고 주택 부속토지는 토지가치 평가제도 개선이 완료되는 시점에 통합하는 것도 한 방법이다. 그때까지 주택 종부세는 유지된다.

정도正道를 걷는 것이 최선의 정치 공학

토지보유세 강화는 부동산 불로소득을 차단해 투기를 근절하는 데 최선의 방책이다. 토지보유세가 세금 가운데 가장 우수한 세금이라는 점은 많은 경제학 대가들이 이구동성으로 인정할 정도로 논란의 여지가 없다. 지금까지 종부세라는 변형된 형태의 보유세로 간신히 부동산투기에 대처해 왔다면, 앞으로는 국토보유세라는 이상적인 형태의 세금으로 여유 있게 대처할 필요가 있다.

부동산공화국을 해체해서 땀과 노력이 존중받는 세상을 만들자는 데 대해서는 국민적 공감대가 널리 형성되어 있다. 지금은 정치인들이 소명감과 용기를 품고 이 일을 감당해 나가야 할 때이다.

2021.12. 작성(2022.4. 수정하여 실음)

2부

세계경제

: 편 가르기와 경제안보

07
두 가지 무역전쟁과 GVC 구조재편

김계환

산업연구원 산업통상연구본부장

기술전쟁, 패권전쟁, 전략적 경쟁이라는 용어가 일상화된 지 오래이다. 신자유주의 체제의 지배적 생산방식이었던 글로벌 가치사슬GVC 구조가 빠르게 재편되고 있다. 이 재편은 세계경제 위기 후 2010년대 초반에 시작되어 트럼프 집권으로 본격화하고 코로나19 위기로 가속화하고 있지만, 2020년대 10년은 지난 10년보다 더 심대한 재편을 경험할 가능성이 높다. 경제, 기술, 정치 등 그 원인은 다양하겠지만 이 글에서는 미·중 간 두 가지 무역전쟁에 초점을 맞춰 GVC 구조 재편의 영향과 전망, 대응 방향을 살펴보고자 한다.

무역전쟁 1: 관세전투

트럼프 집권 후의 미·중 간 무역전쟁은 하나가 아닌 두 가지의 전쟁이다. 하나는 상대국에 대한 추가 관세 부과인 관세 전투이고, 다른 하나는 첨단기술의 주도권을 둘러싼 기술 전쟁이다.

2018년 7월부터 4탄에 걸쳐 부과된 미·중 양국의 추가 관세 조치는 양국 무역의 70%를 차지할 정도로 광범위했다. 추가 관세 부과 후 양국 간 무역은 축소되었다. 미국이 중국에서의 수입 비중은 줄고 수입액도 눈에 띄게 감소하는 한편 대만과 아세안, 멕시코에서의 수입 비중과 금액이 점차 증가했다. 반면 중국의 대對미국 수입에서는 콩, 돼지 등 식료품, LPG, 면화 등의 수입선이 중남미 국가, 캐나다, 오스트레일리아 등으로 일부 대체되었다.

그러나 미국의 무역수지 적자액은 줄어들기는 커녕 계속 늘어나기만 했다. 여기서 눈여겨 봐야 할 변화는 베트남, 말레이시아, 태국 등 동남아 국가들에 대한 무역수지 적자 폭이 대폭 확대된 것이다.

추가 관세 조치의 목적인 공급망의 탈중국화는 그리 성공적이지 않았다는 것인데, 공급망의 탈중국화가 어려운 데는 여러 가지 이유가 있었다.

첫째, 많은 산업에서 이미 중국은 글로벌 가치사슬의 공급망 허브라는 잠금lock-in 효과를 보이고 있다. 지난 30여 년 동안 중국은 글로벌 공급망 허브로 부상했다. 중국의 자동차·부품 수출을 예로 들면, 2000년 11억 달러(세계 수출의 0.8%)에서 2018년 349억 달러(8.4%)로 액수가 증가한 것은 물론 주요국의 자동차 부품 수입선에서 중국이 차지하는 비중이 매우 높다. 특히 일본과 한국은 각각 35.9%, 29.3%로 압도적이며, 미국도 16.3%이다.

둘째, 부가가치의 우회 수출 현상이다. 일부 생산기지가 중국에서 동남아로 이전되고 있기는 하지만, 동시에 동남아 국가의 중간재 수입이 증가하기 때문에 중국 의존도는 계속 줄지 않고 있다. 대미 수출의 최종 선적항이 바뀌었을 뿐, 부가가치 기준으로 미국의 중국에 대한 수입 의존은 바뀌지 않고 있다는 것을 뜻한다.

셋째는 수요 허브로서 중국의 위상이다. GVC의 공급 허브 비중이 떨어져도 수요 허브의 중요도는 오히려 커지고 있다. 예를 들면, 2019년 중국 신차 판매량이 2,577만 대로 미국 1,748만 대의 1.5배이다. 다시금 중국이 세계의 공장일 뿐만 아니라 시장이라는 점을 놓쳐서는 안 될 것이다.

결국 추가 관세 조치로 인한 무역수지 개선 효과는 물론 공급망 재편 효과는 크지 않을 것이다. 또 공급망 재편이 일어난다고 해도 오랜 시간에 걸쳐 서서히 일어나는 현상이라는 점에 주의를 기울일 필요가 있다. 게다가 산업별로 가능성과 이해관계가 다르고, 나라별로도 이해관계가 다르며, 기업과 국가의 이해관계가 다를 수 있다는 점도 간과해서는 안된다. 예를 들면 중국은 유럽에게 협력을 위한 협상 파트너, 경제에서는 경쟁자, 시스템 차원의 라이벌인 반면 미국에게는 전략적 경쟁자로 인식되며, 이 차이가 대對중국 전략의 차이를 낳을 것이다. 중국에 기업의 사활이 걸려 있는 기업에게는 국가의 탈중국 디커플링 정책이 달갑지 않을 것이다.

무역전쟁 2: 기술전쟁

관세전투와 달리 첨단 기술 주도권 싸움은 전혀 다른 성격의 전쟁이다. 미·중 간 기술 냉전이 일어난 것은 첨단 기술이 국가 안보에 직접적인 영향을 미치기 때문만은 아니다. 첨단기술에서 미·중 간 디커플링의 가능성이 높은 것은 이 기술이 범용 기반 기술로서 표준을 자국에 유리하게 설정하는 매우 큰 경제적 이권이 걸린 문제이기 때문이기도 하다. 미국이 4G 기술의 리더십을 차지함으로써 미국 GDP를 2016년 한 해 동안 1,000억 달러 증가시켰고, 미국이 5G 리더십을 차지할 경우 그 파급효과로 미국 GDP를 5,000억 달러 추가적으로 증가시킨다는 예상이 이를 뒷받침한다.

중국에서는 대미 기술 의존도 낮추기와 독자적 공급망 구축이 가장 시급한 문제이다. 제조업 분야에서 2025년의 핵심과제로 국산화율 제고와 기술 자립화 정책을 지속하고 있고 스마트 플러스, 신형인프라 전략을 통해 5G, AI, 빅데이터, 클라우드 등 첨단 분야의 원천기술 개발 및 관련 산업을 계속 육성하는 것은 이런 맥락에서라고 볼 수 있다. 중국은 디지털 실크로드 이니셔티브를 통해 자국 디지털 산업의 해외 확장을 꾀하고 있다. 이미 구상한 일대일로 정책선상에서 중국 주도로 디지털 전환을 추진한다는 전략이다. 이 국가에 중국 주도로 디지털 인프라를 구축하고, 디지털 제품이나 서비스를 수출하며, 5G, 인공지능, 양자 컴퓨팅를 비롯한 차세대 디지털 기술의 국제표준화를 주도하는 것을 목표로 하고 있다.

이에 대응한 미국의 대 중국 접근법은 탈 중국 디커플링과 기술동맹 전략으로 볼 수 있는데 이것은 다음 세 가지로 요약된다.

첫째, 전략 산업에 대한 중국의 접근을 제한하는 네거티브 디커플링 정책이다. 전략 기술에 대한 접근 제한, 전략산업 관련 불공정 거래에 가담하는 중국기업 제재 등을 예로 들 수 있다.

둘째, 포지티브 디커플링은 중국과 기술 격차를 더 확대하기 위해 전략산업 발전을 위한 국가 지원 체제를 강화하는 것이다. 전략산업 발전 전략 수립, 국가 인프라 전략 수립, 실행, 핵심 공급망 리쇼어링 등이 여기에 포함된다.

셋째, 협력적 디커플링으로 동맹국 및 파트너 국가와 협력을 더욱 강화하는 것이다. 미래 전략산업/기술 표준을 주도할 동맹국 그룹을 결성하는 데 주력하고 있다. 앞으로의 동맹 전략이 어떤 모습으로 구체화될지는 불확실하지만 미국의 주요 싱크 탱크think tank의 관련 보고서에서는 그 윤곽을 그리고 있다.

미국 신안보센터Center for a New American Security 보고서에서는 미국, 캐나다, 오스트레일리아, 프랑스, 독일, 이탈리아, 네덜란드, 영국, 일본, 한국을 포함하는 기술동맹을 제안한다. 이 동맹체에서 안보를 우선으로 한 공급망의 재편, 첨단기술의 보호, 디지털 인프라 건설을 위한 새로운 투자 메커니즘, 기술 표준과 규범 등을 다루어야 한다는 주장이다.

제안된 기술 동맹은 뜻을 같이하는 국가끼리의 동맹이기 때문에 무역-투자 등 국제 경제 질서의 근본적 재편을 가져올 수 있다. 일종의 기술 동맹 블록화라고 볼 수 있는데, 이 블록화에 따라 GVC 참여 기회가 차등화될 가능성이 높다. 국가안보 문제, 사회, 환경 기준 준수에 대한 요구도 더 커질 것이다. 결국 이러한 조건을 만족하는 국가들로 구성된 일종의 클럽형 국제 질서가 부상할 가능성이 높다.

따라서 기술동맹을 첨단기술 부문에만 한정된 무역·투자 규범으로 이해해서는 안 된다. 새로운 가치와 규범을 공유하는 나라들 간의 동맹은 첨단기술 부문에서 시작하지만 점차 다른 부문으로 확대될 가능성이 높다. 그 최종 귀결이 미·중을 두 축으로 하는 두 진영 간의 냉전이 될 수도 있으나, 아마도 당분간은 첨단기술 분야에서 디커플링, 전통 산업/기술에서 자유 무역과 투자가 공존하는 부분적 디커플링이 될 가능성이 높다고 보아야 할 것이다.

인식의 공유와 산업 인텔리전스 강화

이제 정부와 민간은 이러한 상황에 대한 인식을 공유해야 한다. 또한 동맹국과의 인식 공유 수준도 양적·질적으로 더욱 강화해야 한다. 산업 인텔리전스의 수준을 높이기 위해 이를 담당하는 조직이 굳건해질 필요가 있다. 다양한 리스크 상황에서 복수의 옵션을 사전에 최대한 검토하고, 일단 결정하면 신속하게 실행할 수 있는 대응 체계도 갖추어야 할 것이다.

기업과 산업계도 이러한 이행기에 대한 대응을 준비하고 다양한 리스크를 이전보다 훨씬 중요하게 고려하여 글로벌 전략을 전개해야 한다.

무역전쟁으로 안보와 경제가 뒤섞이는 복합 지정학 시대는 자유주의적 국제질서가 지배하던 지난 수십 년간 통용되던 것과는 매우 다른 사고방식과 대응체계를 정부에도 기업에도 요구하고 있다. 상황인식의 변화는 효과적인 대응을 위한 출발점이다.

2021. 2. 작성

08

디지털 위안화와 미·중 화폐전쟁의 전망

유재원

건국대학교 경제학과 교수

달러화 패권에 도전하는 위안화

제1차 세계대전 이후 영국 파운드화의 시대가 가고 미국 달러화가 기축통화로 부상한 지 벌써 100년이 지났다. 1973년 브레턴우즈 체제가 무너진 이후에도 달러화의 위상은 크게 흔들리지 않고 있다.

기축통화란 가치가 안정적이며, 국제거래의 수단이 되는 국제통화를 의미한다. 따라서 기축통화가 되려면 이를 발행하는 국가가 경제적으로 안정되고 금융시장이 발달하였으며, 국제 무역 및 금융에서 중요한 역할을 담당해야 한다. 1999년 유로화의 출범과 2008년 미국의 만성적 무역 및 재정적자로 인하여 달러화의 신뢰도에 금이 간 것이 사실이지만, 아직 달러화의 위상은 다른 통화에 비하면 압도적이다.

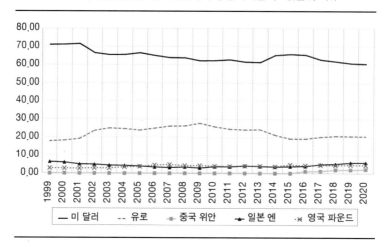

그림 8-1 전 세계 중앙은행 준비자산의 구성통화비율 추세(단위: %)

자료: IMF, Coposition of Official Foreign Exchange Reserves(COFER).

　　그림 8-1은 전 세계 중앙은행 준비자산의 구성통화비율을 보여
준다. 달러화는 유로화가 도입된 1999년 70%를 차지했다가 서서히
하락하여 2020년 60%를 기록했다. 유로화의 비중은 글로벌 금융위
기이전 30%까지 근접했다가 현재 20%까지 하락했다. 그렇다면 위
안화는 달러화를 대신하여 새로운 준비자산통화로 부상할 것인가?
위안화가 전 세계 준비자산에서 차지하는 비중은 2020년 현재 2.1%
에 지나지 않는다. 준비자산 통화의 선택은 통화 발행국의 경제규모,
거시경제적 안정성, 그리고 충분한 국제유동성 등에 의하여 결정된
다. 지난 100년 동안 기축통화로서 달러화가 구축해 놓은 네트워크
도 무시할 수 없다. 따라서 위안화가 이러한 조건을 갖춘 대안으로
보기는 아직 역부족이다.

BIS에서 2019년 발표한 외환시장 서베이에 따르면 외환거래가 가장 활발한 국가는 영국(43.1%), 미국(16.5%), 싱가포르(7.7%), 홍콩(7.6%), 일본(4.5%) 순이다. 중국(1.6%)은 독일(1.5%)과 오스트레일리아(1.4%)보다 앞선 제8위를 기록했다. 글로벌 외환시장에서 거래되는 통화비중(총 200%)을 보면 달러화(88%), 유로화(32%), 엔화(17%), 파운드화(13%) 순이었고, 위안화(4%)는 제8위를 기록하였다. 이러한 사실 역시 달러화를 대신하여 위안화가 새로운 기축통화로 부상하기가 당장은 쉽지 않다는 점을 시사한다.

위안화의 굴기倔起

중국 경제의 부상과 함께 국제사회에서 합당한 위치를 찾으려는 중국의 노력은 달러화 패권에 대한 도전에서도 나타난다. 2008년 글로벌 금융위기가 발생했을 때, 중국은 달러화에 기초한 국제통화질서의 취약점을 비판하고 케인스가 주장했던 방코르bancor와 같은 초국가 통화를 국제통화로 사용할 것을 주장했다. 2016년 10월 1일부터 중국 위안화가 국제통화기금IMF의 특별인출권SDR 통화바스켓에 정식으로 편입됨으로써 이같은 요구는 어느 정도 받아들여졌다고 할 수 있다. SDR 통화바스켓에서 차지하는 위안화 비중(10.92%)은 달러화(41.73%)와 유로화(30.93%)에 이어 세 번째로 높은 수준이며, 엔화(8.33%)와 파운드화(8.09%) 비중을 상회하고 있다. 그렇다고 해서 위안화의 위상이 저절로 높아지는 것은 아니다. 중국도 이 점을 잘 인식하여 대외무역결제 시 위안화 사용을 확대하고, 세계 주요국에 청산

그림 8-2 위안화 국제화지수 추세(2010~2020년)

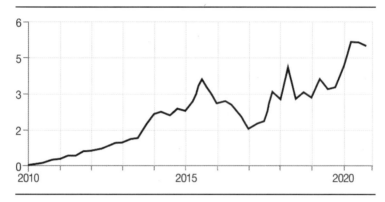

자료: 중국 인민대학, 국제통화연구소, "RMB Internationalization Report 2021."

결제은행을 지정하여 국경 간 위안화 청산결제 서비스를 강화해 왔
다. 또한 중앙은행 간 통화스와프를 체결하고 국제개발 및 원조에 위
안화 자금 제공을 늘려왔다.

　　중국 인민대학 국제통화연구소가 매년 발표하는 위안화 국제화
지수를 보면 2010년 초 0.02에서 2020년 말에는 5.02로 큰 폭의 증
가세를 보였다(그림 8-2 참조). 위안화 국제화지수는 무역결제와 금융
거래 및 세계 외환보유 등에서 위안화가 차지하는 비중을 가중 평균
하여 도출하는데, 위안화 위상은 세 영역 모두 크게 개선되었다. 하지
만, 2015~2017년과 2018~2019년 기간 중 위안화 국제화지수는
큰 폭으로 후퇴하는 양상을 보였는데, 이는 정부의 엄격한 자본유출
통제에 따라 국제자본이동이 위축된 탓이다. 특히 2018년 미·중 관
세전쟁이 본격화되면서 위안화의 국제화는 직격탄을 맞았다. 흥미
롭게도 코로나 감염증으로 세계경제가 위축된 2020년에는 다시 개

선되는 모습을 보였다.[1]

　중국의 자본시장규제는 선진국들과 비교하여 상당한 격차를 보이고 있다. 널리 인용되는 실증연구에 따르면 중국의 금융시장 개방도는 일본의 1970년대 초, 또는 한국의 외환위기 이전과 비슷한 수준이다(The Chinn-Ito Index, 2018). 위안화 국제화를 본격적으로 추진하려면 중국 통화당국은 자본자유화와 환율안정성 간의 상충관계를 심각하게 고민해야 할 것이다.

　바이든 행정부의 옐렌 재무장관은 미국 달러화 약세정책을 지속하지 않겠다고 선언했다. 이것이 기존의 강달러정책으로 선회하는 것을 의미하는지는 분명치 않다. 미 재무부는 2019년 8월, '종합무역법(1988)'에 근거하여 중국을 환율조작국으로 지정한 바 있으나, 2020년 1월에 이를 철회했다. 코로나 사태 이후 중국경제가 비교적 양호한 성장세를 보이면서 중국에 대한 외국인 자본유입이 증가하고, 위안화는 강세를 보이고 있다. 그렇다면 미국은 당분간 위안화 가치를 인위적으로 높이려는 시도는 하지 않을 것으로 전망된다. 다른 한편으로 중국이 경상수지 흑자로 벌어들인 외환을 계속해서 미 재무성 채권에 투자할지는 미·중 무역분쟁에 좋은 관전포인트가 될 것이다.

1　위안화의 국제화지수 도출방식을 미국 달러화와 유로화에 적용하면 2020년 각각 51.27과 26.17를 기록하여 큰 격차를 보인다. 한편 영국 파운드화와 일본 엔화는 각각 4.15와 4.19를 기록했다.

디지털 위안화는 화폐전쟁의 새로운 무기인가?

중국 인민은행이 디지털 위안화 발행에 적극적으로 나서면서, 디지털 화폐가 화폐전쟁의 새로운 무기로 부상할 것이라는 전망이 쏟아져 나오고 있다. 중앙은행 디지털 화폐Central Bank Digital Currency: CBDC는 지폐나 동전과 같이 중앙은행이 발행하는 전자적 형태의 화폐이다. 최근 분산원장기술의 발전과 암호자산의 확산을 계기로 현금 이용이 크게 감소하거나 금융포용 수준이 낮은 일부 개도국에서 적극적으로 CBDC 발행을 검토하고 있다.[2]

이번 설날에 페이라는 이름이 붙은 전자결제를 이용해 세뱃돈을 주고받은 경험이 있다면 디지털화폐가 얼마나 편리하고 안전한지 알 것이다. 모바일결제가 현금을 밀어낸 지 오래된 중국에서는 온라인 결제업체에 대하여 반독점법을 적용할 예정이라고 하는데, 디지털 위안화 발행에 열을 올리는 이유도 결제수단으로서의 화폐에 대한 중앙은행의 통제를 높이겠다는 의도가 엿보인다. 한편 미국의 전기자동차회사인 테슬라는 비트코인 결제를 허용하고 이를 자산 포트폴리오에 추가했다. 비트코인이 화폐를 대신하여 널리 결제와 투자수단이 된다면 화폐발행을 독점하고 있는 중앙은행에 대한 도전이 아닐 수 없다. CBDC는 민간기업이 공급하는 암호자산이나 가상통화를 대체하려 할 것이지만, 그 성공 여부는 시장이 결정할 것이다.

CBDC의 발행은 지급결제의 안전성과 효율성을 높이고, 민간에

---

2 한국은행, 『중앙은행 디지털 화폐』(2019) 참조.

게 직접 공급하는 경우 구매력에 영향을 미칠 수 있다는 장점이 있다. 하지만 은행의 자금중개기능이 약화되고, 비거주자에게 CBDC 보유를 허용할 경우 통화공급의 관리가 어려워지고 금융불안시 외환시장의 변동성이 확대될 위험이 있다.

화폐의 국제화는 화폐의 디지털화와 별개의 문제이다. 디지털 위안화가 달러화에 대항하는 새로운 무기가 되려면 국제결제수단과 투자수단으로 활용할 수 있어야 한다. 즉, 디지털 위안화로 해외에서 결제 가능하고 디지털 위안화로 금융자산거래가 활발하게 일어나야 한다. 이는 중국 정부의 일방적 의지만으로 되는 것은 아니다. 일대일로 전략이 상당히 진척되고 참여 국가들이 디지털 위안화 사용을 허용하게 된다면 위안화 국제화에 유리한 국면이 조성될 것이다.

원화의 선택

달러화와 위안화 간 기축통화를 둘러싼 경쟁이 심화된다면 한국은 어떻게 대응해야 하는가? 한국은행은 작년 3월 미 연준과 600억 달러 규모의 6개월짜리 통화스와프 계약을 체결하여 올 9월까지 연장하기로 합의했다. 중국 인민은행과도 작년 10월 4,000억 위안 규모의 5년 만기 통화스와프를 체결했다. 달러화와의 통화스와프는 코로나로 인한 국제금융시장 불확실성이 증대된 가운데 안전자산 확보, 그리고 위안화와의 통화스와프는 양국 간 교역증진 및 금융시장 안정을 목적으로 했다. 미국과 중국의 입장에서는 자국 통화의 국제적 위상을 염두에 둔 결정이겠지만, 대외개방도가 높은 한국의 입장에서는 둘 다 놓칠 수 없는 안전판이라고 할 수 있다.

　최근 미국 달러화에 대한 원화 환율은 위안화 환율과 동조화 현상을 보이고 있다. 동아시아 지역에서의 글로벌 가치사슬이 중국에 편중되어 있는 만큼 불가피한 현상이다. 그만큼 미·중 무역분쟁이 지속될 경우 한국이 입을 피해도 증가할 것이다. 한국은 이에 대비하여 중국에 대한 의존도를 줄여나가는 한편, 동북아 지역에서 한국을 중심으로 하는 네트워크를 강화해 나가야 한다.

　국채발행을 통한 확대재정정책의 어려움을 토로할 때 원화가 달러화나 엔화와 같은 기축통화가 아니라는 점을 거론하곤 한다. 그렇다면 원화의 국제화는 바람직한가? 이에 대해서는 찬반론이 엇갈린다. 더구나 원화를 국제통화로 사용하는 것은 다른 나라의 금융기관, 다국적 기업이나 일반 고객이다. 1990년대 일본이 엔화의 국제화는 일본경제가 장기 침체를 겪는 동안 실패로 끝났다. 국제통화로서 원화의 위상을 끌어올리려면 한국경제의 규모, 국제무역 및 투자에서의 비중, 그리고 지역금융 네트워크를 확대해야 할 것이다.

2021.2. 작성(2022.4. 수정하여 실음)

09
바이든 경제정책의 비판적 검토

나원준

경북대학교 경제통상학부 교수

코로나19 팬데믹으로 세계경제가 침체를 맞이한 2020년 미국경제는 연간 경제성장률이 −3.4%로 다른 선진국에 비하면 침체의 정도가 덜한 편이었다. GDP의 30%를 넘어선 재정투입 덕분이었다. 미국의 연방정부 순지출FYONET은 2차 세계대전 중 GDP의 40%까지 치솟았으나 전후 안정되어 1970년대 말부터는 GDP의 20% 수준을 유지했다. 코로나 경제위기 전까지는 글로벌 금융위기로 2009년 GDP의 25%에 이른 기록만이 예외였다. 재정적자 비율도 추이가 유사했다. 1944년 GDP의 25%가 역사적 최고치였고 전후 줄곧 10%에 못 미쳤다. 2020년 15%는 전후 최고치였다.

2021년에 들어서는 백신접종 개시 이후 소비가 정상화되는 가운데 신규 실업수당 청구 건수가 하락하는 등 노동시장도 개선되는 흐름이다. 5월부터는 총수요 압력을 보여주는 근원인플레이션율이 연방

준비제도이사회(이하 '연준')의 장기 목표인 2%를 상회했다. 2021년 7월 연방공개시장위원회FOMC는 한편으로는 자산매입 축소tapering를 연내에 개시할 수 있다고 밝히면서도 노동시장이 완전고용에 근접하고 인플레이션율이 상당 기간 2%를 상회할 때까지는 완화 기조를 지속한다는 통화정책 방향하에 제로금리를 유지했다. 반면에 미국경제의 현 상황을, 과도한 재정투입에 따른 과열이 우려되는 상황으로 보는 시각도 제기되었다. 그와 같은 인식 차이의 이면에는 바이든 행정부의 새 경제정책에 대한 상이한 기대와 평가가 자리하고 있다.

다만 최근 인플레이션은 일차적인 원인이 공급 측면에 기인한 것이기에, 과도한 재정투입이 인플레이션의 원인인가를 둘러싸고는 논란이 여전한 점을 강조하고 싶다. 재정투입이 전혀 과도하지 않았더라도 인플레이션이 발생했을 수 있다.

바이든 경제정책의 내용

미국 민주당의 조 바이든과 카멀라 해리스는 대선 캠페인으로 '위대한 국가적 도전great national challenges'이라는 4대 비전을 발표했다. 그것은 인종 평등, 인프라 및 청정에너지 투자, 돌봄과 교육의 지원, 그리고 국내 제조업의 이해관계를 중심으로 공공조달과 대외 무역을 조정하는 '메이드 인 아메리카made in America' 전략이었다. 이들 비전의 실천을 위한 대표 공약으로는 발전부문에서 2035년까지 탄소중립 달성, 트럼프 집권기간 중 법인과 부유층에 대해 이루어진 감세의 환원, 노동권 보호를 담은 PROpromoting rights to organize 법안의 통과,

유급 병가 및 유급 돌봄 휴가 보장, 연방 최저시급 15달러 등이 제시되었다. 바이든 경제정책은 이와 같은 비전과 공약을 '더 나은 재건 build back better'의 계획과 통상, 노동 등 분야의 개혁 과제로 집약하고 예전에 볼 수 없었던 대담한 실행 계획으로 구체화한 것이었다.

재건 계획은 구제 계획American Rescue Plan, 인프라 계획American Jobs Plan, 가족 계획American Family Plan의 세 법안으로 모습을 갖추었다. 이는 1930년대 뉴딜 이후 가장 큰 규모의 정부 개입이자, 위기로부터의 회복을 넘어서 미국경제의 미래 성장경로 자체를 바꾸겠다는 지향을 담고 있었다. 불평등, 기후변화 및 중국의 부상에 대한 대응이 재건 계획의 세 가지 장기 목표로 천명되었다.

구제 계획은 그 목적이 코로나 재난 지원이며 2021년 3월 1.9조 달러 규모로 예산이 확정되었다. 공화당과의 합의를 거치며 감액되었고 선별성도 강화되었지만 트럼프 정부의 긴급예산법CARES Act보다 지원 규모는 늘었다. 인프라 계획은 노후 인프라 재건과 현대화, 제조업 경쟁력 강화, 탄소 저감과 돌봄 경제를 위한 투자가 핵심 내용이다. 가족 계획은 사회안전망과 교육 분야 투자에 해당한다.

2021년 바이든 정부는 재건 계획의 재원조달을 위해 부유층과 법인에 대한 증세 방안을 수립했다. 원래 인프라 계획은 15년에 걸친 법인세 인상으로 재원을 마련할 예정이었다. 이는 2017년에 트럼프 정부가 법인세율을 35%에서 21%로 인하한 것을 일부 되돌려 28%로 인상하는 내용이었다. 가족 계획을 위해서는 10년에 걸쳐 개인소득세를 인상할 계획이었다. 재건 계획에 증세를 연계시킨 것은 국가 채무비율에 대한 우려가 상존하는 상황에서는 미래에 정권 교체가 있을 때 필요한 지출을 지속하기 어렵다는 판단 때문이다.

노동 분야 정책은 바이든 정부의 개혁성을 가늠하는 잣대의 역할을 한다. 바이든 정부는 케네디 이후 처음으로 노동운동 출신 인사를 노동부 장관에 임명했고 연방정부와 계약하는 노동자에 대해 15달러 최저시급을 보장하는 행정명령을 내렸다. 동조 연대파업secondary picketing의 권리 회복도 추진되었다. 특히 3월에 하원을 통과한 PRO 법안은 1980년대 이후 노조의 대표성과 단체결성을 제한하려는 경향을 보여 미국 노동 입법의 방향성을 바꾸려는 시도로 주목받았다. 1930년대 뉴딜의 와그너 법 이후 가장 노동 친화적인 법안이라는 평가는 그래서 나온다. PRO 법안은 노조를 결성하려는 노동자들을 사용자가 해고 등으로 보복하는 경우 사용자를 처벌하는 조항을 담고 있고 플랫폼 노동의 확대에 발맞춰 노조 가입 자격을 확대했다. 플랫폼 노동자를 독립 계약자로 보는 규정도 폐지했다. 상원을 통과해 최종적으로 법제화되지 못하더라도 법안이 갖는 의미는 그 자체로 평가될 만하다. 마지막으로 통상정책에서도 노동을 중시하여 국제거래에서 인권 기준, 환경 기준, 노동 기준을 강화 적용할 방침이다.

적어도 집권 초기까지는 긍정적인 기대감이 대세를 이루었다. 작은 정부 실험의 종말과 재정정책의 귀환을 알리는 징후라는 평이 적지 않았다. 레이건 이후 약 40년간 이어져 온 신자유주의 경제정책 전통으로부터의 이탈이라는 적극적 해석도 시선을 끌었다. 과거 뉴딜 질서로의 복귀조차 언급되었으나 그것은 성급한 평가였다. 신자유주의 전통으로부터의 이탈도 제한적인 것이었다. 다만, 국내 정책에서 공공투자 중심의 정부 개입 확대로 큰 정부를 지향하는 점은 분명 과거(민주당을 포함)와의 단절을 내포한다. 위기 대응에서의 적극성 역시 지난 오바마 정부와 차별적이다. 대외적으로는 트럼프 정부의 자국 중심 보호무역주의를 계승한 점이 눈에 띈다. 실제로는 트럼프의 통상정책 자체도 기존 전통으로부터 단절된 것이었다.

정치적 배경으로서의 중도파-좌파 연합

바이든 경제정책의 진취적인 측면은 어떤 정치적 배경에서 가능했던 것일까? 그 하나의 답은 정치 연합에서 찾아진다. 민주당 주류는 2016년 클린턴 선거운동의 경험을 복기하면서 중도와 진보에 걸친 민주당 내 스펙트럼을 아우르는 지지 기반 연합을 구성하는 방향으로 선회했다. 정치 연합을 위해 정책의 세부 내용을 조율하고 지지 기반을 확장하려는 준비 작업은 바이든-샌더스 통합대책위원회Biden-Sanders unity task force로 발전되었다.

동 위원회는 당내 경선을 마친 직후 2020년 4월에 결성되어 8월까지 활동했다. 6개의 주요 이슈를 선정해 중도파 대표와 좌파 대표가 공동 의장을 맡는 분과를 조직했다. 예를 들어 기후변화 분과는 중도파 존 케리와 좌파 알렉산드리아 오카시오코르테스가 공동 의장을 맡았다. 신자유주의로부터의 단절적 요소가 포함된 포괄적인 경제정책 패키지는 그와 같은 분과 내 정책 조율을 거친 합의안의 형태로 비로소 탄생할 수 있었다. 위원회는 만들어진 합의안을 미국 인민과의 '새로운 계약'으로 선전했다. 대기업과 소수 부유층만을 위한 것이 아닌 공동의 번영을 추구하고 사람에 투자하겠다는 가치 지향을 담아냈다. 합의안은 바이든-해리스 선본에 제안되었고 상당 부분 대선 공약에 반영되었다. 집권 후 중도파-좌파 연합의 기조는 다소 약화되었지만 기본 틀까지 무너진 것은 아니었다.

이렇게 된 데에는 글로벌 금융위기와 트럼프 집권 기간을 거치면서 민주당 내 좌익 블록이 규모나 사회적 비중 면에서 괄목할 만큼 성장한 것이 한몫했다. 월가 점령 운동, 그린 뉴딜 운동, 흑인의 생명도 소중하다Black lives matter 운동 등은 정치의 새로운 영역을 열면서 좌파 세력의 진출을 도왔다. 팬데믹을 겪으면서 시민들 사이에 연방정부의 직접 개입에 대한 거부감이 퇴조하고 적극적 사회정책의 필요성에 대한 인식이 확산한 것도 주효했다. 민주당 주류는 이와 같은 당 내외 환경 변화를 받아들여 당의 단결을 위해서는 좌익 블록을 더이상 무시할 수 없다고 판단했다. 중도파-좌파 연합이 추진되었다. 결과적으로는 후보의 개인적 인기보다는 계획과 비전의 명확성, 그리고 이를 뒷받침하는 지지 기반 연합에서 대선 승리의 비결을 찾을수 있다는 평가도 있다. 요컨대 바이든 경제정책은 중도파 우위의 중도파-좌파 간 타협의 산물인 셈이다.

인플레이션 위험을 둘러싼 논란

바이든 경제정책에 대한 공화당과 산업계의 일차적인 비판은 증세에 초점이 맞춰져 있었다. 더 중요한 비판은 확장적 재정 운영을 지지해온 과거의 동지, 케인지언 경제학자들 내부로부터 나왔다. 구제 계획을 둘러싸고 새로운 인플레이션 매파가 출현했다. 오바마 정부 재무장관을 역임한 래리 서머스와 전 IMF 수석이코노미스트 올리비에 블랑샤는 1.9조 달러의 구제 계획은 규모가 너무 커 그간에 고정되어 있던 민간의 기대인플레이션이 불안정해지면서 인플레이션의 시대가 다시 도래할 수 있다고 경고했다. 구체적으로 블랑샤는 2020년 4분기는 전년 동기보다 2.5%만큼 산출 수준이 낮았고 당시 미국경제의 잠재성장률이 1.7%이었으므로 2020년 4분기의 산출 갭(실제 산출 수준이 완전고용 산출 수준으로부터 얼마나 괴리되어 있는지 나타내는 개념)은 2.5%에 1.7%를 더해서 −4.2%가 될 것으로 추정했다. 이는 위기 직전인 2019년 미국 GDP(21.4조 달러)를 기준으로 할 때, 21.4조에 4.2%를 곱한 0.9조 달러만큼 GDP가 완전고용 수준을 밑돌고 있다는 의미였다. 즉 0.9조 달러를 초과하는 재정투입은 경제를 완전고용을 넘어서 과열시킬 수 있으므로 유의해야 한다는 것이었다.

그러나 이와 같은 블랑샤의 추정에는 의문점이 없지 않다. 블랑샤는 2019년 4분기가 완전고용에 가깝다고 보았으나 실제로는 같은 기간 설비가동률은 75% 정도였다. 거시경제가 중기적으로 완전고용 상태로 수렴한다는 관습적 전제가 틀렸다는 사실은 2000년부터 글로벌 금융위기 전까지의 지수 추세를 연장한 성장경로를 기준으로 삼아 최근까지의 실제 성장경로와 비교한 다음의 그림 9-1을 보면 쉽게 알 수 있다. GDP는 2019년 4분기에 기준 성장경로를 14%, 2020년 1분기에는 22%나 하회했다. 미국경제는 글로벌 금융위기의 여파로부터 제대로 회복되지 못한 채 팬데믹의 충격을 맞았다고 볼 일이다.

인플레이션 우려가 처음으로 불거진 계기는 2021년 초에 10년

그림 9-1 성장경로의 비교(실질 GDP)(단위: 10억 달러/2012년 기준)

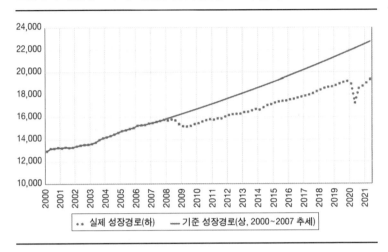

자료: Federal Reserve Bank of St. Louis.

만기 국채 금리가 급등한 사건이었다. 2021년 3월 31일 장기 금리는 1.74%까지 치솟았다. 이전 저점은 2020년 8월 4일의 0.52%였다. 둘 사이의 차이는 1.22%p였다. 같은 기간에 10년 만기 물가연동국채(물가가 오르면 원금이나 이자를 그만큼 올려주므로 인플레이션 위험이 없는 국채)의 금리가 0.42%p 상승했으므로, 1.22%p에서 0.42%p를 차감한 0.8%p만큼은 기대인플레이션 때문이라는 해석이 등장했다. 하지만 이 0.8%p에는 기대인플레이션 외에 물가연동국채의 유동성을 비롯한 다른 요인의 영향도 반영되어 있다. 그런 점을 따지면서 금리 상승분 1.22%p를 정확히 분해하면, 실질이자율 상승의 영향이 0.74%p이고 기대인플레이션 상승의 영향은 0.22%p에 그치는 것으로 나타났다. 막상 뚜껑을 열고 보니 중장기 시계에서 채권시장의 인플레이션 우려는 별로 크지 않았던 셈이다. 이 글이 작성된 2021년 8월 기준으로 당시 경제지표에는 혼재된 신호가 담겨 있었다. 여러 경제지표의 추이를 균형감 있게 고려한다면 기대인플레이션은 단기 시계에서만 확인되고 있었다는 해석이 맞다.

바이든 경제정책에 대한 비판적 검토

바이든 경제정책에 대한 다른 반론도 만만치 않았다. 우선 보다 공격적인 재정운영을 주문하는 입장이 있었다. 포스트케인지언 시각에서는 지출 계획과 증세 계획의 연계에 대해 비판을 제기하게 된다. 지출을 조세에 긴밀히 연계시키려고 의도하면 할수록 결과적으로 세입의 범위 내로 지출을 한정할 수밖에 없다. 그 경우 정책 목표 달성에 실패할 가능성이 크다. 성장률과 이자율의 상대적 크기에 따라서는 저리로 차입을 확대하는 적자재정의 운영이 유리할 수 있다. 경제가 침체로부터 빠져나오고 있는 상황에서는 긴축적인 효과를 유발할 수 있는 증세를 서두르기보다는 재정과 통화정책을 최대한 확장 기조로 유지하면서 성장세가 확고히 자리를 잡아가는 것을 기다리는 편이 나을지도 모르는 일이었다. 논리적으로도 15년간 증세한 재원을 8년간 지출하도록 한 현재의 계획이 문제가 없다면, 이를테면 왜 15년이 아니라 150년이나 300년, 3,000년으로 나눠서 증세하면 안 된다는 것인지 분명치 않아 보인다.

　오카시오코르테스와 선라이즈 운동 그룹, 루스벨트 연구소, 레비 경제학연구소 등도 탄소중립에 투입될 재원 규모가 불충분한 점을 비판한다. 탈탄소 목표를 위해서는 인프라 계획을 10조 달러 이상으로 증액해야 한다는 주장이다. 민주당 주류의 입장을 대변하는 존 케리는 기후변화 대응에서, 민간 기업이 주도하고 정부는 보조 역할에 머물러야 한다는 생각을 공개적으로 밝혔다. 이와 같은 소극성은 기후변화 대응이 결국 대자본의 이해관계를 해치지 않는 범위로 제한될 것이라는 우려를 낳는다. 민주당 주류가 버니 샌더스의 전 국민 단일 건강보험Medicare for all 제안을 거부한 데 이어 연방 차원에서의 공공의료 체계 수립이나 의료 인력 충원 요구에 대해 방관하는 것 역시 자본의 수익성 원리에 대한 투항으로 받아들여질 소지가 있다.

포스트케인지언들은 또한 당시 계획되던 증세 정도로 불평등 시정의 결실을 볼 수 있을지에 대해서도 의문을 제기했다. 세제 개혁이 트럼프 이전으로의 부분적인 복귀에 지나지 않은 탓이다. 실제로 법인세 최고 세율은 계획대로 인상되었더라도 2017년 이전 수준에 못 미치는 수준이었다. 부자 감세 기조는 벗어난다고 하지만 중산층을 포괄하는 보편 증세로 나아가지 않는 점에서 미국 사회의 불평등 심화 추세를 되돌리기에는 역부족일 수 있다.

노동정책을 둘러싼 문제제기 역시 치열하다. PRO 법안은 노동자를 플랫폼 업체의 지휘와 통제에서 자유롭고 실제 거래나 직업선택 과정에서 완전한 자유가 보장되는 경우에 독립 계약자로 간주하도록 한정했다. 그러나 이는 플랫폼 노동자의 노동자성을 적극적으로 인정한 것은 아니어서 법안이 설령 상원을 통과했더라도 고용 관계에 실제로 의미 있는 변화가 이루어졌을지는 불확실하다는 비판이 제기된다. 아울러 단체행동권에 대한 상당한 제약이 여전하고 부당노동

행위에 대한 낮은 처벌 수위가 시정되지 않은 점도 한계로 꼽혔다. 비록 협상 파트너인 공화당 때문일 수는 있으나, 연방 최저시급 15달러를 구제 계획 법안에서 민주당이 자진 삭제했다는 사실도 뼈아프다. 최저시급 15달러는 이미 10여 년 전부터 제기된 주장이며 현재로서는 오히려 빈곤선에 가깝다는 지적도 있다.

내각 인사 구성도 비판 대상이 되고 있다. 바이든-샌더스 통합대책위원회 단계를 거쳐 실제 조각 과정에서는 좌파 인사의 비중이 줄었다. 노골적으로 친자본 제국주의 반노동 반환경 색채를 띤 인사들이 참여하고 있다는 고발이 이어졌다. 대표적으로 존 케리는 오바마 정부 시절 시리아 개입을 주도했고 마이클 맥케이브는 대기업 듀폰의 자문역을 역임했으며 론 클레인은 월가의 이해관계를 대변하고 있다는 평이 제기되었다.

중국 견제 명분으로 노골화되는 제국주의 경향도 우려를 낳는다. 바이든 정부가 신자유주의를 비판하고 큰 정부를 주장하는 것은 중국과의 전면적 경쟁을 위한 것이어서 중국을 약화시키고 나면 다시 자본의 영향하에 신자유주의로의 퇴행이 불가피하다는 것이다. 그렇게 되면 결국 미국 내 노동계급의 정치적 진출이 충분히 확대되지 않는 한 바이든 경제정책의 개혁성도 물거품이 될 것이었다.

중도파-좌파 연합의 잠재적 불안정성

바이든 경제정책의 성공을 위해서는 정치적 기반이 안정되어야 한다. 하지만 미국의 연합정치 전통이 짧지 않음에도, 바이든 정부 출범 초기에 형성된 중도파-좌파 연합이 향후 지속성을 갖고 유지될 수 있을지에 대해서는 불확실성이 없지 않다. 이 연합은 트럼프 정부 당시 공화당과 민주당 간 50대 50의 세력 균형 속에 양당의 당파성이 강화되고 좌파가 부상하는 것을 배경으로 형성되었다. 따라서 세력 균형이 변하면 정치 연합의 지속성도 영향을 받게 된다. 만약 공화당에 우위를 내주게 되거나 반대로 민주당 내 중도파만으로도 공화당을 압도할 수 있게 된다면, 혹은 좌파 지지층이 지금보다 더 확대되거나 반대로 뚜렷이 줄어든다면, 중도파-좌파 연합은 불안정해질 수 있다. 그 첫 번째 시험대는 2022년 11월 중간 선거가 될 전망이다.

민주당 주류로서는 좌파와의 정치 연합이 중도개혁 세력의 집권과 비전 제시를 가능케 한 동력이었지만 중간 선거 이후 어느 시점부터는 지지 기반의 불안정성을 키우는 요인이 될지도 모른다. 좌파의 협조가 없이는 안 되지만 좌파를 키우면 더 안 되는 모순적 상황이다. 개혁 법안의 통과를 위해 중도파 주도로 공화당과 협상을 벌이는 과정에서 특히 최저시급 등 노동 문제를 둘러싸고 좌파와 중도파 사이에 간극이 벌어진 측면도 있다. 반면에 민주당과 달리 공화당은 대체로 일관되게 개혁 과제에 반대할 것이 분명하고 국회의사당 난입으로 상징되는 극우 세력도 여전히 힘을 잃지 않고 있다. 어쩌면 개혁 입법의 좌초나 축소는 숙명인지도 모른다. 민주당 주류로서는 정치적 불안정을 극복해야 하는 어려운 과제에 직면해 있는 것이다. 바이든 경제정책이 가져온 변화는 후퇴와 역전을 경험해야 했다. 이를 두고 새로운 경제 질서의 출현을 거론하고 신자유주의가 완전히 퇴조하는 조짐으로 단정했던 일부의 시각은 성급했다.

장기 침체와 바이든 경제정책의 의의

마지막으로 바이든 경제정책은 좀 더 장기적인 역사적 맥락에서 조명해 볼 필요도 있다. 글로벌 금융위기 이후 부진한 회복에 대한 경제학계의 한 가지 유력한 해석은 장기 침체secular stagnation의 가설이다. 케인지언 계열 경제학자들 중에는 포스트케인지언인 토마스 팰리와 우파인 래리 서머스가 각각 2012년과 2013년에 상당히 닮은 주장을 제기했다. 이들에 따르면 장기 침체는 실제로는 금융위기 이전부터 이미 미국경제 내에 구조화된 경향이었다. 그 양상은 성장 정체, 임금 정체, 불평등, 양극화, 비정형 취약 노동자의 증가, 이중 구조의 심화, 중산층 붕괴 등으로 나타났다. 위대한 경제사가 피터 테민은 2017년 책 『사라지는 중산층The Vanishing Middle Class』에서 이런 현상을 두고 미국은 이제 더는 하나의 나라가 아니며 중산층이 붕괴되면서 서로 다른 자원과 기대, 잠재력을 가진 분열된 두 개의 나라가 되었다고 갈파한 바 있다.

포스트케인지언들은 특히 장기 침체에서 1980년대 이후의 신자유주의 '정책 체제policy regime'의 장기적 효과를 강조한다. 1980년대의 거시경제정책 전환은 미국경제를 임금 상승이 구조적으로 정체된 경제로 탈바꿈시켰다. 노동시장 규제 완화로 노동조합이 무력화되면서 복지국가도 위축되었다.

임금 정체는 부문별 고용 비중 변화와도 관련이 있었다. 제조업, 정보통신, 금융 등 고성장 부문에서 일자리가 줄어들자 밀려난 노동력은 긱 경제gig economy(필요할 때에만 일시적으로 노동을 섭외하는 경제)의 비중이 확대되고 있는 서비스 부문으로 이동해 갔다. 성장이 정체된 부문이 산업 예비군에 대한 최종 고용자 역할을 하면서 부문 간 임금 격차가 커졌고 총수요 제약도 강화되었다. 적어도 보몰의 비용 질병 cost disease 현상이 현실에서는 쉽게 일어나지 않았던 셈이다. 최근의 디지털 및 친환경 기술 전환 역시 대자본의 이해에만 맡겨놓게 되면, 현재의 이중 구조와 수요 부진을 더욱 심화시킬 위험이 커 보인다. 기술 전환은 고성장 부문을 중심으로 고용 감소를 촉진하기 쉬운데 그렇게 유리된 잉여 노동력은 다시 저성장 부문으로 몰려들어 노동 조건을 더 악화시킬 수 있기 때문이다.

이와 같은 현실에서는 거시경제 운영에 근본적인 정책 체제의 전환이 필요하다. 노동의 관점에서 보면, 부문 간 균형성장을 지원하고 저성장 부문의 시장 임금과 사회적 임금을 끌어올려 격차를 줄여가는 접근법이 바람직할 수 있다. 그리고 이를 위해서는 대자본과 빅테크의 영향을 제한하는 노동 중심의 대항력 형성이 필수적이다. 장기 침체와 경제의 이중화라는 구조적 현실을 극복하기 위해서는 바이든 행정부의 개혁 과제가 바로 그 방향으로 더욱 착목했어야 하는지도 모른다.

2021. 8. 작성

10

일본의 재정과 국가채무비율

이강국

리쓰메이칸대학교 경제학부 교수

일본은 전 세계에서 국내총생산 대비 국가채무비율이 가장 높은 나라이다. 국제통화기금의 세계경제 전망 자료에 따르면 일본 일반정부 총부채비율은 2019년 약 236%를 기록했고 코로나19 불황을 배경으로 2021년에는 263%에 이를 전망이다. 이러한 현실은 과연 일본의 재정은 지속가능할 것인가라는 중대한 질문을 던진다.

이 글은 거시경제적 관점에서 1990년대 장기불황과 아베노믹스 시기 일본의 재정과 국가채무비율의 변화에 관해 검토한다. 또한 코로나19로 인한 경제불황에 대응하는 일본 정부의 적극적인 재정확장에 관해 살펴보고, 이것이 한국에 주는 시사점을 제시해 보고자 한다.

장기불황과 고령화로 인한 일본 재정의 악화

일본의 재정이 악화된 중요한 요인은 1990년대 초 버블 붕괴 이후의 불황과 급속하게 진행된 고령화라고 할 수 있다. 장기불황으로 인한 세수의 감소와 고령화로 인한 사회보장지출 증가가 재정적자의 누적과 국가채무의 증가로 이어졌던 것이다. 일본 재무성에 따르면 1990년에서 2012년까지 증가한 국채잔액 중 세수 감소로 인한 금액이 183조 엔으로 전체의 약 35%에 달했다. 세출 면에서는 1990년대에는 토건과 같은 정부의 공공사업으로 인해 국채잔액이 많이 증가했다. 일본 정부는 1990년대 불황에 대응하여 공공사업 중심으로 재정지출을 늘렸지만 효과적이지 않았고 재정확장도 일관되지 못했다. 반면 2000년대 이후에는 사회보장 관련 비용이 크게 증가하여, 1990년에서 2012년까지 이로 인한 국채잔액 증가가 171조 엔으로 전체의 약 32%를 차지했다.

고령화와 함께 출산율도 하락하여 1990년대 중반 이후에는 생산가능인구가 감소했고 경제성장이 더욱 둔화되었다. 장기불황과 디플레이션으로 1990년대 초반 이후 2012년까지 20여 년 동안 명목경제성장률이 국채의 가중평균금리보다 낮아서 국가채무비율을 상승시키는 요인이 되었다. 부채동학에 따르면, 명목 경제성장률(g)이 국채금리(r)보다 높은데 기초재정수지적자가 크지 않다면 시간이 지남에 따라 국가채무비율이 안정화된다. 그러나 일본은 기초재정수지적자가 컸고, 또한 1990년대 이후 오랫동안 GDP 디플레이터 기준의 물가상승률이 마이너스여서 명목 경제성장률이 실질 경제성장률

그림 10-1 일본 중앙정부의 세수와 세출 변화(단위: 조 엔)

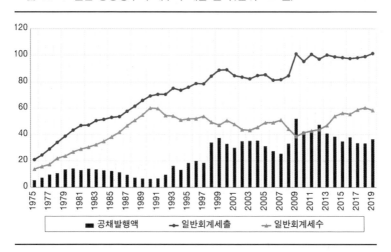

자료: 財務省主計局.

보다 낮았다. 2000년대 초중반에 경제가 회복되면서 재정적자가 개선되었지만 글로벌 금융위기가 닥치면서 그 충격으로 재정적자가 다시 악화되었다. 따라서 그림 10-1이 보여주듯이, 1990년대 이후 일본의 재정은 세수에 비해 세출이 지속적으로 증가하는 소위 '악어의 입' 그래프를 그리게 된다. 이러한 재정적자의 누적으로 국가채무비율이 1990년 국내총생산의 약 62%에서 2013년 약 230%까지 높아졌던 것이다.

아베노믹스와 일본 재정의 변화

이러한 상황에서 집권한 아베 정부는 2013년부터 아베노믹스라 부르는 적극적인 거시경제정책을 통해 장기불황으로부터 탈출하고자 했다. 아베노믹스는 대담한 통화 완화정책, 기동적인 재정정책 그리고 구조개혁과 성장전략 등의 세 개의 화살로 구성되었다. 아베노믹스는 한계도 있었지만, 경기를 어느 정도 회복시켰고 고용이 증가했으며 무엇보다 재정상황을 안정화시키는 데 중요한 역할을 했다. 먼저 그림 10-1에서 알 수 있듯이, 아베노믹스 이후 경기회복과 함께 세수는 지속적으로 증가했지만 세출은 별로 늘어나지 않아서 재정수지 적자가 감소했다. 따라서 2013년 이후 세출의 국채의존도도 낮아지고 국가채무비율도 안정화되었다. 장기불황 극복과 인플레 회복을 지향한 아베 정부 시기의 재정정책이 긴축 기조는 아니었지만 재정지출이 크게 증가하지는 않았다. 또한 2014년과 2019년 두 차례에 걸쳐 소비세 인상을 시행하여 세수가 증가하고 재정기반이 확대되었다. 2013년에서 2019년까지 국채잔액 증가는 주로 사회보장 비용 증가 때문이었는데 이로 인한 잔액 증가가 약 119조 엔이었고, 세수 감소로 인한 증가액은 4.4조 엔에 지나지 않았다.

또한 그림 10-2가 보여주듯 아베노믹스 이후 명목 경제성장률이 마침내 국채금리보다 높아져서, 2013년 이후 국가채무비율이 안정화되는 데 도움을 주었다. 일본은행의 통화정책이 이러한 변화에 하나의 중요한 요인이었다. 일본은행은 2013년부터 양적·질적 완화정책을 그리고 특히 2016년 이후부터 수익률곡선 통제정책을 실시하여 국채 매입을 통해 단기 기준금리를 -0.1%로, 장기금리를 약 0%로 통제하고 있다. 이에 따라 국채의 가중평균금리가 2012년 1.2%에서 2018년 0.9%로 낮아져 국채이자지급액은 오히려 약간

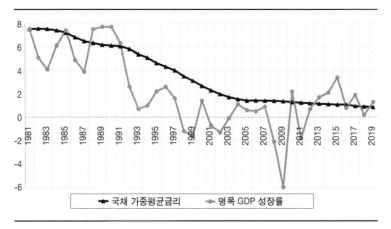

그림 10-2 일본의 국채 가중평균금리와 명목 국내총생산 성장률

자료: 内閣府.

감소했다. 일본은행은 금리를 통제하고 재정을 지원하기 위해 국채 매입을 지속하여, 2020년 6월 말 현재 전체 국채와 국고단기증권 잔액 중에서 약 45%를 보유하고 있다. 반면 외국인 투자자들의 보유 비중은 약 13%밖에 되지 않는다.

결국 디플레이션과 불황을 탈피하기 위한 아베 정부의 적극적 노력, 특히 재정정책과 통화정책의 긴밀한 협조가 명목 국내총생산을 높이고 재정과 국가채무비율에도 바람직한 영향을 주었던 것이다. 물론 앞으로 고령화가 계속 진전되어 의료비용이 높아질 전망이기 때문에 재정개혁의 노력도 필요할 것이라 생각된다.

코로나19 대응과 적극적 재정확장, 그리고 한국에 주는 시사점

2020년 코로나19의 충격과 경제봉쇄로 세계경제는 심각한 불황에 빠졌다. 이에 대응하여 각국은 일자리와 소득을 잃은 노동자와 어려움에 빠진 기업을 지원하기 위해 적극적인 재정확장을 실시했다. 일본도 코로나19로 2020년 성장률이 −4.5%을 기록했다. 정부는 코로나19 위기에 대응하여 4월과 6월 총 57.6조 엔 규모의 두 차례 보정예산을 도입하여 재정지출을 크게 늘렸다. 보정예산은 한국의 추경예산과 같은 것으로, 1차 보정예산에서는 전 국민에 대한 10만 엔의 현금지급이 중요한 지출항목이었고, 2차 보정예산에서는 매출이 급감한 기업이나 개인사업자에 대한 지원금이 도입되고 노동자를 해고하지 않는 기업에 대한 고용유지지원금이 증액되었다. 국제통화기금에 따르면 코로나19에 대응한 일본 정부의 직접지출은 국내총생산의 약 17%에 달하는데, 이는 선진국 평균과 비슷한 수준이다. 따라서 2020년 재정적자는 국내총생산의 약 9%를 기록하고 정부부채비율도 259%로 2019년보다 약 23%p나 더 높아질 전망이다.

이러한 적극적인 재정확장은 경제회복이 느릴 경우 불황의 상흔이 장기적인 경제성장과 재정에도 악영향을 미칠 것이라는 우려에 기초한 것이었다. 여러 거시경제학 연구들은 불황의 충격이 장기실업이나 기업의 신기술투자 둔화를 통해 생산성과 장기적 성장에 악영향을 미치는 이력효과를 강조하고 있다. 최근 논의는 이를 극복하기 위해 정부의 재정확장이 필수적이며 특히 양적 완화를 포함한 통화정책의 한계가 큰 불황 시기에는 재정정책의 역할이 중요하다고 강조한다.

앞으로 일본의 재정 상황은 역시 얼마나 빨리 경제가 회복될 것인가에 달려 있을 것이다. 장기적으로는 특히 명목 경제성장률이 국채금리보다 높게 유지하는 것이 중요하다. 현실은 더욱 복잡하겠지만, 성장률이 국채금리보다 1% 높은 현실이 지속된다면 국가채무비율이 250%일 때 기초재정수지적자가 국내총생산의 2.5%보다 낮다면 국가채무비율이 장기적으로 하락하게 된다. 결국 일본 재정이 지속가능하려면 고령화로 인한 재정적자 증가에 대한 대응과 함께 성장률을 높이기 위한 재정정책과 금리인상을 억누르기 위한 통화정책의 긴밀한 협조가 필수적이라고 할 수 있다. 저명한 거시경제학자 블랑샤 교수 등은 낮은 국채금리를 고려할 때 출산율 제고나 생산성 상승을 위한 적극적인 공공투자가 일본의 성장을 촉진하고 재정에도 도움이 될 것이라 지적한다.

이러한 일본의 경험은 유사한 인구구조 변화와 성장률 하락을 겪고 있는 한국에도 시사점을 던져준다. 먼저 한국도 코로나19로 인한 불황을 완전히 극복하고 총수요 확대와 성장을 촉진하기 위해 적극적인 재정정책을 추진하는 것이 장기적으로 재정에도 바람직할 것이다. 특히 일본보다도 낮은 출산율을 높이고 성장잠재력을 제고하기 위해 청년층에 대한 복지 확대와 생산적인 공공투자를 촉진하는 노력이 필요하다. 또한 한국은 과거 명목 경제성장률이 국채금리보다 높았지만 2019년 이후 역전되었는데, 일본의 경험이 보여주듯 재정의 지속가능성을 위해 거시경제적으로 명목 성장률과 금리의 격차를 유지하는 것이 중요할 것이다. 이와 함께 인구고령화로 인한 사회복지지출 증가에 대응하여 장기적으로 증세를 포함한 재정개혁의 논의도 함께 발전되어야 할 것이다.

2021.6. 작성(2022.4. 수정하여 실음)

11
아베노믹스의 평가

유재원

건국대학교 경제학과 교수

아베노믹스의 성적표

아베 정부는 확장적 통화정책, 유연한 재정정책 및 성장을 위한 구조조정으로 구성된 경제정책 패키지를 추진하였다. 소위 이들 경제정책 패키지의 성적표는 어떠한가? 아베노믹스의 설계자중 한 사람으로 알려진 하마다Koichi Hamada 교수는 2014년 초 한국에서 열린 학술대회에 참여하여 아베 정부의 통화정책은 A+, 재정정책은 즉각적 평가를 유보하는 대신 노력 중임을 감안하여 E(efforts), 그리고 성장정책은 F 학점이라고 평가한 바 있다. 8년이 지난 지금도 이러한 성적표는 크게 틀리지 않다.

아베노믹스는 크게 경기부양책과 성장정책으로 구성되어 있는데, 어느 것에 중점을 두는가에 따라 평가는 달라진다. 그림 11-1은

1961~2021년 기간 중 일본의 성장률, 인플레이션율과 실업률 추이를 보여준다. 우선 인플레이션율과 실업률을 보면 아베노믹스 덕분에 일본경제가 불황에서 탈출하는 데 성공했다는 주장은 크게 과장된 것은 아니다. 물론 엄격한 잣대로 보면 인플레이션율을 2%대로 끌어올리겠다는 일본중앙은행의 약속은 2014년을 제외하면 실현되지 못했다. 2013~2019년 소비자물가증가율 역시 연평균 0.8%에 지나지 않았다. 그럼에도 일본의 양적 완화 정책은 주가지수를 끌어올리고 엔화를 절하시켜 수출회복에 기여한 것이 사실이다.

일본의 실업률도 2013년 4.0%에서 2019년 2.4%로 지속적인 하락세를 보였다. 구인수를 구직자로 나눈 유효구인배율은 1990년대 중반 0.6에서 2017년에는 1.5를 넘어섰다. 특히 대학생들이 넘치는 일자리로 졸업하기도 전에 취업이 된다는 사실은 긍정적인 신호라고 할 수 있다. 20대 실업률은 1990년 3.2%에서 2003년 8.2%까지 치솟았고, 2015년이 돼서야 1997년 수준인 5%대로 떨어졌다. 2018년 20대 실업률은 3.7%로 완전고용을 달성한 것으로 평가된다.[1]

한편, 아베노믹스가 하락하는 성장세를 반전시키는 데 성공했는가라고 묻는다면 그 대답은 회의적이다. 2012~2019년 기간 중 일본의 경제성장률은 연평균 0.98%에 지나지 않았는데, 이는 OECD 국가 중 가장 낮은 수치이다. 아베노믹스가 경기부양에는 성공적이었을지 모르지만 경제성장에 미친 영향은 미미해 보인다. 혹자는 이러한 결과가 확장적 통화정책과 달리 재정정책이 적극적으로 경기부양

---

1   박상준, 『불황탈출』(알키, 2019), 77~78쪽.

그림 11-1 일본의 성장률, 인플레이션율 및 실업률 추이

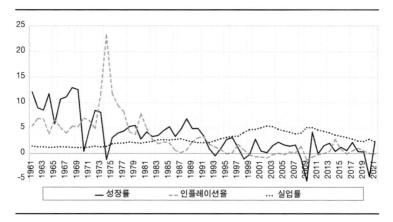

자료: Federal Reserve Bank of St. Louis, Federal Reserve Economic Data.
　　　IMF, *World Economic Outlook*(Oct. 2020).
　　　2021년도는 추정치.

그림 11-2 일본의 주가 및 환율 추이

자료: Federal Reserve Bank of St. Louis, Federal Reserve Economic Data.

을 밀어붙이지 못했기 때문이라고 주장한다. 그러나 일본이 확대재정정책을 추진할 여력이 있는지 불분명하다. 중앙정부의 구조적 재정수지는 2001~2010년 기간 중 -6.4%를 기록했으나 아베 정부하의 2013~2019년 기간 중에는 -4.4%로 적자폭이 감소했다. 이는 재정지출의 확대가 소폭에 그친 반면 두 차례에 걸쳐 소비세를 인상한 결과이다. 그럼에도 일본의 GDP 대비 국채비율은 2012년 말 224%에서 2020년 말 254%로 증가했다.

저성장의 덫

'잃어버린 20년'이라고 부르는 장기 침체 기간 중 일본경제의 경기순환은 수축기가 길고 확장기가 짧은 비정상적 특성을 보였을 뿐 아니라, 장기적으로 성장률의 저하를 보여왔다. 이러한 침체의 시작이 거품경제의 붕괴에 따른 소비와 투자의 위축에서 비롯된 것은 자명하다. 더구나 경기침체가 길어지면서 기업들은 불황을 타개할 기술혁신이나 구조조정에 소홀했다. 그 결과 주력산업의 경쟁력이 크게 떨어지고 이를 대체할 새로운 부문의 부상이 지연되면서 성장동력이 훼손되고 말았다.

이러한 맥락에서 보면 총수요관리를 통하여 디플레이션과 저성장에서 벗어나려는 정책 목표는 시의적절했다고 할 수 있다. 하지만 총수요관리가 총공급의 확대로 이어진다는 보장은 없다. 즉, 거시정책이 잠재적 성장률을 실현하는 데 기여할 수 있지만 성장률 자체를 끌어 올릴 수 있는 것은 아니다. 따라서 아베노믹스가 표방한 성장정책은 소기의 성과를 거두는 데 실패했다고 할 수 있다.

일본의 저성장 기조는 거품이 붕괴된 1990년대 이후 고착화되는 경향을 보인다. 그림 11-1에서 본 바와 같이 일본경제는 1960년대 연평균 9%를 넘는 고도성장을 경험했으나, 1970년대에는 성장률이 4.5% 정도로 떨어졌다. 1980년대 전반기에는 4.2%까지 떨어졌다가 1985년 플라자협정 이후 경기부양책에 힘입어 후반기에는 4.9%까지 회복되었다. 그러나 1990년대와 2000년대 성장률은 1%대로 떨어졌고, 2008년 글로벌 위기 직후인 2009년 성장률은 −5.4%를 기록했다. 이듬해 V자 회복이 진행되었음에도 2011년에는 다시 부(−)의 성장을 보였다. 아베 정부하의 2013~2019년 기간 중 연평균 성장률은 0.98%를 기록했다.

저성장의 원인을 총수요 측면에서 살펴보면 가장 먼저 투자부진이 눈에 띈다. 일본의 GDP에서 차지하는 투자비중은 1990년대 전반 33.1%에서 2010년대 후반 18.2%로 감소했다. 표 11-1에서 보는 바와 같이 실질 GDP 성장에 투자가 기여한 몫도 2000년 전반 0.23%에서 후반에는 글로벌 금융위기 여파로 −0.79%로 떨어졌다. 다행히 2010년대 전반에는 0.71%로 회복되었으나 2016~2019년 기간 중 다시 0.21%로 하락했다. 한편 민간소비의 기여도는 2008년 글로벌 금융위기 이후 감소세로 반전되었다가 다시 회복세를 보였으나 2016~2019년 기간 중에는 크게 감소했다.

이와 대조적으로 정부지출의 기여도는 2010년대에 크게 증가했다. 마지막으로 수출에서 수입을 제한 순수출의 기여도는 2010년대 전반 부(−)의 값에서 후반 정(+)의 값으로 반전되었으나, 2000년대

표 11-1 실질 GDP 증가율 및 총수요 항목별 기여도

기간(년)	실질 GDP	민간소비	투자	정부지출	순수출
1996~2000	1.06	0.49	0.09	0.23	0.25
2001~2005	1.20	0.75	0.23	-0.14	0.35
2006~2010	0.03	0.24	-0.79	0.09	0.50
2011~2015	1.06	0.35	0.71	0.32	-0.31
2016~2020	0.70	0.06	0.21	0.31	0.17

자료: 일본 내각부 경제사회총합연구소, "국내총생산 및 각 수요항목 기여도"(http://www.esri.cao.go.jp).

와 비교하면 큰 폭으로 감소했다. 요약하면 일본이 지속적 성장세를 유지할 수 있는가는 소비와 투자의 진작이 그 관건이라고 하겠다.

더욱 심각한 문제는 총수요의 부족이 아니라 총공급의 애로라고 할 수 있다. 그림 11-3은 1991~2021년 기간 중 일본의 GDP 갭 추이를 보여준다. GDP 갭은 실제 GDP와 잠재 GDP의 차이를 의미하는데, 경기침체기에는 GDP 갭이 음(-)이 되는 반면 경기 호황기에는 GDP 갭은 정(+)이 된다. 그림에서 볼 수 있는 바와 같이 일본은 1990년대에 들어와 GDP 갭이 부(-)의 값을 보이는 기간이 길어졌고, 2000년대 중반 잠시 정(+)의 값을 보였다가 2008년 글로벌 금융위기 이후 다시 부(-)의 값으로 반전되었다. 2013년 이후 2020년 코로나 사태 이전까지 GDP 갭은 줄곧 정(+)의 값을 보였다. 이러한 사실은 일본의 성장률이 1%에 미달하는 것은 일시적인 총수요 부족 때문이 아니라, 총공급 능력에 문제가 있음을 시사한다.

아베 정부는 성장촉진을 위하여 개방 확대와 신산업 육성, 여성과 고령자의 노동참여율 제고에 중점을 두었다. 이러한 정책의 효과가

그림 11-3 일본, 한국 및 미국의 GDP 갭 추이

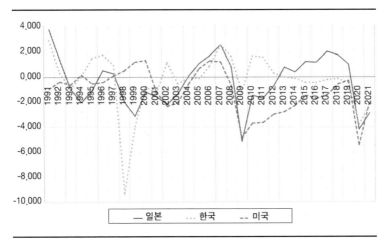

자료: OECD, *Economic Outlook* No 107, June 2020.

미흡하다고 판단되자, 2단계로 고용 유연성 확보, 원격 진료 등 서비스산업 활성화, 과감한 규제개혁 등을 추진했다. 그러나 잠재성장률이 1%에도 못 미치는 현상이 지속되는 것은 아베노믹스가 일본경제의 성장동력 확충에 성공적이지 못했다는 반증이라고 볼 수 있다.

구조개혁 관련 쟁점

아베노믹스의 성장전략은 경제체질을 바꾸는 구조개혁에 다름 아니다. 그런데 무엇을 어떻게, 또 얼마나 강도 높게 바꿀 것인지에 대한 명확한 청사진이 없다. 구조개혁에서 우선순위를 어떻게 설정할 것인가를 놓고도 정치계와 학계에서 의견이 분분하다. 한쪽에는 시장기능의 활성화와 정부 개입의 최소화를 강조하는 신자유주의적 견해

가 있다. 또 다른 쪽에는 비정규직 고용 증가, 임금 격차 확대, 실질임금 하락 등의 개선이 시급하다고 주장한다.

1) 구조개혁의 주체와 방식

2000년대 초 '잃어버린 10년' 청산을 기치로 집권한 고이즈미 정부(2001~2006)는 관 주도의 개혁을 추진하였다. 고이즈미 정부는 '작은 정부'를 내세우고 부실채권 정리와 정부 예산삭감, 우정 민영화, 도로공단 등 공기업 개혁과 지방재정 개혁 등을 추진하였다. 이러한 고이즈미의 정책은 영국의 대처 수상이나 미국의 레이건 대통령의 신자유주의와 일맥상통한다. 고이즈미 개혁의 결과 성장률은 2001년 -0.8%에서 2005년 3.2%로 상승하였고 실업률은 2002년 1분기 5.5%에서 2006년 2분기 4.2%로 하락하였다. GDP 대비 재정적자 비율도 2002년 -5.7%에서 2006년 2.4%로 반전되었다. 하지만 2005년 고이즈미가 10년 불황의 극복을 선언하고 퇴임한 후 그가 추진했던 개혁은 후퇴하고 말았다.[2]

고이즈미의 뒤를 이어 개혁노선 계승을 표방하고 취임한 아베는 '아름다운 나라'라는 다소 모호한 비전을 제시하였고, 구조개혁의 총론을 계승하겠다면서도 개혁의 조건으로 성장을 내세웠다. 아베가 건강상의 이유로 1년 후 퇴임하고, 후쿠다에 이어 집권한 아소 총리는 공개적으로 고이즈미와의 결별을 선언했다. 이후 일본은 다시금 '잃어버린 20년'으로 빠져들고 말았다. 2012년 말 두 번째로 총리직

---

2   김정수 편저, 『고이즈미 개혁과 일본경제의 부활』(시장경제연구원, 2016) 참조.

을 맡은 아베가 장기적인 성장잠재력 확충보다 경기부양책에 방점을 둔 것은, 불황을 타개하는 것이 그만큼 시급한 과제이기도 하지만 구조개혁이 인기가 없다는 것을 염두에 두었다고 볼 수 있다. 앞서 소개한 하마다 교수는 성장촉진을 위한 정부 개입의 어려움을 토로한 바 있다. 경제학적 관점에서 보면 정부 개입은 시장의 실패가 있을 때 이를 교정하려는 시도일 뿐 만병통치약이 아니라는 것이 그의 주장이다. 그렇다면 정부가 할 수 있는 성장촉진정책으로는 노동시장과 금융시장에서 불필요한 규제의 완화, 법인세의 인하와 무역자유화 그리고 이민정책의 개선 등을 들 수 있다. 현재 일본의 정책방향도 이와 크게 다르지 않다.

2) 생산성 향상의 둔화

일본의 성장잠재력이 떨어지는 근본적인 이유는 저출산·고령화 추세와 경기침체에 따라 노동 및 자본투입증가가 정체된 반면, 생산성의 향상이 둔화되었기 때문이다. 그림 11-4는 2019년 노동시간당 GDP로 추정한 OECD 회원국들의 노동생산성을 보여준다. 일본은 노동생산성 수준뿐 아니라 그 증가율에서도 OECD 평균에 미달한다. 또한 산업 간, 그리고 대기업과 중소기업 간 노동생산성의 차이도 문제로 지적된다. 일본은 2000년대 이후 서비스산업의 생산성이 크게 감소한 반면, 제조업의 생산성 증가는 둔화되었다. 한편 기업규모가 클수록 제조업은 생산성 증가가 빠르지만, 서비스산업의 경우는 정반대인 것으로 나타났다.[3]

노동생산성을 제고하려면 물적 자본 및 인적 자본에 대한 투자가

그림 11-4 OECD 회원국들의 노동생산성 비교(2019)

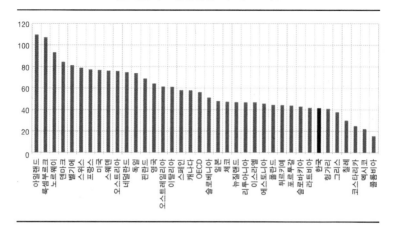

주: 노동시간당 GDP(경상가격 구매력 기준 US$).
자료: OECD, *Cross-country comparisons of labour productivity levels*(검색일: 2022.2.17).

늘어나야 한다. 또한 총요소생산성의 제고를 위해서는 혁신이 필수적이다. 하지만 장기 침체를 겪으면서 일본 기업들은 새로운 기술이나 제품개발을 위한 투자의욕이 크게 위축되었다. 일례로 GDP 대비 R&D 투자비중은 1996년 2.7%에서 2007년에는 3.3%로 증가하면서 G7 국가 중에서도 가장 높았으나, 글로벌 금융위기 이후 서서히 둔화되었다. 그 결과 2010년 이후에는 한국의 R&D 투자가 일본을 추월하기에 이르렀다.

---

3   OECD, "Japan: Productivity," *Insights on Productivity and Business Dynamics*, 2020.

그림 11-5 OECD 회원국들의 평균임금 비교

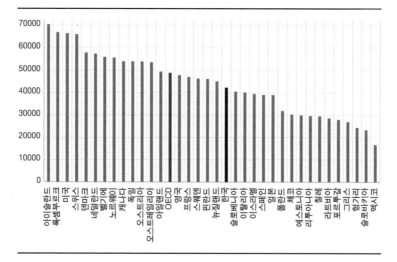

주: 국민소득계정의 총피용자보수를 노동자 수로 나눈 값(2016년 구매력 기준 US$).
자료: OECD Data, "Average Wages"(검색일: 2022.2.17).

3) 실질임금의 정체

아베노믹스의 비판론자들은 아베노믹스가 경기부양에 성공적이
었다고 해도 그 혜택은 주주와 경영자에게 돌아가고 노동자들의 실
질임금은 오히려 감소했다고 비판한다. 아베 정부하에서 실업률이
감소했음에도 실질임금이 하락한 것은 노동시장에서 비정규직의 비
중이 늘고, 여성들과 고령층의 저임금 문제가 심각하다는 반증이라
고 주장한다.

그림 11-5는 OECD 회원국들의 2019년도 연간 평균임금을 보
여준다. 일본의 평균임금은 2016년 구매력 기준으로 3만 9,000달러
를 기록하여 OECD 평균(4만 8,900달러)은 물론 한국(4만 2,300달러)보다
도 낮다. 이에 더하여 일본은 실질임금의 상승률은 노동생산성의 증

표 11-2 일본의 노동생산성과 실질임금 추이

지표	1970~ 1980	1980~ 1990	1990~ 2000	2000~ 2010	2010~ 2018
실질임금 증가율 (시간당 노동비용)	58.4	24.2	16.1	3.4	1.2
노동생산성 증가	51.3	45.4	20.8	12.1	5.2
(노동의 질 향상)	11.1	7.5	5.8	3.9	0.1
(자본투입 증가)	19.6	21.7	15.3	4.8	0.2
(총요소생산성 증가)	20.5	16.2	-0.3	3.4	4.9
노동분배율 변화	18.8	-9.2	2.4	-1.6	0.3
기타요인	-11.9	-5.9	-6.1	-6.3	-4.1

주: 기타 요인은 교역조건 악화에 따른 실질무역손실 및 GDP 디플레이터와 CPI 간 편차 등.
자료: Fukao and Makino(2021).

가율을 크게 밑도는 현상이 심각한 문제로 지적된다.

실질임금과 노동생산성 간의 괴리는 비단 일본에 국한된 문제가 아니라 OECD 회원국들 전반에 걸쳐 관측되는데, 전자는 시간을 두고 후자를 따라가는 것으로 나타나고 있다. 표 11-2에서 보는 바와 같이 일본도 1980년대 이후 실질임금 증가율이 노동생산성 증가율에 미달하는 현상이 나타나고 있다. 특히 2000년대와 2010년대 연평균 실질임금 증가율은 각각 3.4%와 1.2%에 지나지 않았다.

이렇게 실질임금 증가가 둔화된 데에는 노동생산성 증가율이 감소한 것이 주요원인이라고 할 수 있다. 노동생산성은 2010~2019년 기간 중 5.2% 증가에 그쳤는데, 노동의 질 상승이나 자본장비율 상승의 기여분은 실질적으로 0에 가까웠고 그나마 총요소생산성의 증가가 노동시간당 부가가치GDP 상승의 버팀목이 되었다. 노동의 질이 개선되지 않는 이유는 숙련도를 수반하지 않는 시간제 고용이 확대되고 퇴직자를 낮은 임금으로 재고용하는 관행이 늘고 있기 때문이다.[4]

아베 정부는 소비진작을 위해서 임금상승이 필요하다는 인식하에 임금을 올린 기업에 법인세를 인하하는 정책을 추진한 바 있다. 기시다 정부도 최저임금을 시간당 1,000엔으로 올리는 방안을 추진 중이다. 그러나 정책적으로 실질임금을 올리는 것이 가능한지, 또 그럴 경우 노동시장을 왜곡할 위험이 없는지 논란이 있다.

맺는 말

아베 총리가 사퇴한 2020년 9월 이후 코로나 감염증COVID-19 사태가 심화되면서 일본경제는 크게 위축되었고, 2021년 개최된 올림픽 대회도 재도약의 신호탄이 되기에는 역부족이었다. 잘못하면 아베 집권기간 역시 장기적 침체secular stagnation에서 벗어나려는 시도로 기억될 공산이 크다. 일본의 사회학자인 순야 교수는 1989년에서 2019년에 걸친 '헤이세이' 30년을 '실패의 시대'로 규정하고, 경제적 실패 중 가장 두드러진 것으로 부동산가격과 주가의 하락에 따른 금융회사를 중심으로 한 대기업의 실패를 들고 있다. 또한 일본 산업 경쟁력의 중심이었던 전자산업의 쇠퇴에 주목하는데, 소니의 몰락을 그 대표적 사례로 지적한다.[5] 이러한 평가가 적절한지는 접어두더

---

4   Fukao Kyoji and Makino Tatsuji, "Reasons for the Long-term Stagnation of Wages in Japan,"《일본경제신문》, 2021.12.6.

5   요시미 순야, 『헤이세이 일본의 잃어버린 30년』, 서의동 역(AK, 2020).

라도, 새로운 성공 사례가 계속 발굴되지 않는 한 아베노믹스는 얼마 가지 않아 평가절하될 운명이다.[6]

일본의 장기성장 전망은 그다지 밝지 않다. IMF는 2024년 이후 일본의 성장률은 1%에 미달할 것으로 전망하고 있다. 이는 미국 및 독일은 물론 다른 G7 국가들보다 낮은 수준이다. 한국은 선진국 평균보다는 높지만 세계 평균에는 미달하는 2%대 성장률을 보일 것으로 전망된다. 일본이 경험한 잠재성장률의 하락 현상을 한국도 시차를 두고 따라가는 양상이다. 한국도 지속적 성장을 위해서는 소비와 투자의 진작이 필요하다. 즉, 성장동력을 확충하기 위한 투자활성화와 생산성 제고를 위한 규제완화와 경쟁촉진을 추진해야 할 것이다.

일본경제의 구조개혁을 둘러싼 쟁점은 한국경제와 겹치는 부분이 상당히 많다. 일본이 추진해 온 여성 및 고령층의 고용증대와 이에 따른 임금하락 압력에 대한 대처, 정규직과 비정규직 간 격차 완화를 위한 정책대응, 그리고 노동시장의 유연성과 임금상승의 동시 추진 등의 과정과 성과를 면밀히 검토할 필요가 있다. 한편, 한국은 일본보다 소득 불평등도가 심각하기 때문에 사회안전망 확충이라는 추가적 부담을 안고 있다. 복지와 형평에 대한 국민들의 기대수준은 매우 높다. 하지만 이를 충족시키기에 턱없이 부족한 재원을 어떻게 마련할 것인가에 대해서 논의가 부족하다. 이러한 맥락에서 성장잠재력을

---

6   브래드 글로서먼Brad Glosserman은 일본이 이미 정점을 지나 하락하는 중이며, 한국은 일본의 실패를 교훈으로 받아들여야 한다고 주장한다[*Peak Japan: The End of Great Ambitions*(Georgetown University Press)—『피크 재팬, 마지막 정점을 찍은 일본』, 김성훈 옮김(김영사, 2020)].

끌어올리는 동시에 소득 불평등을 해소하려는 포용적 성장의 구체적
인 청사진 마련과 지속적 추진이 요구된다.

2022. 2. 작성

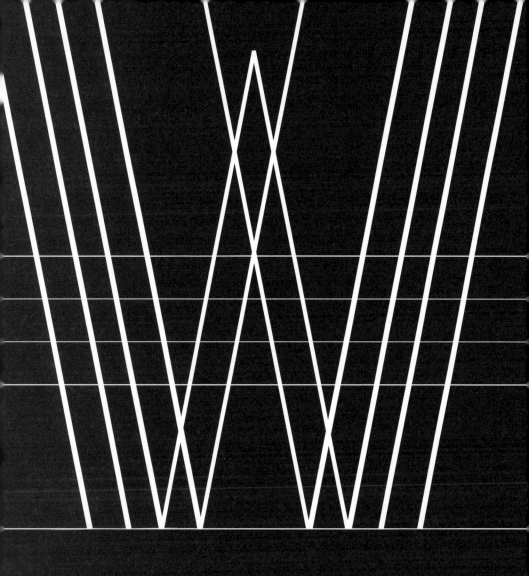

3부

부동산

: 불평등의 심화

12
수도권 주택공급 확대 정책을 비판한다

전강수
대구가톨릭대학교 경제금융부동산학과 교수

부동산값이 폭등할 때마다 약방의 감초처럼 거론되는 정책이 있다. 바로 공급 확대 정책이다. 노태우 정부 때와 노무현 정부 때도 집값을 안정시킨다는 명분으로 이 정책을 시행했고, 문재인 정부도 수도권을 중심으로 대대적인 주택공급 확대 정책을 추진했다.

문재인 정부는 2018년 9·13 대책에서 수도권 내 교통여건이 좋고 주택 수요가 많은 지역을 중심으로 신규 공공택지 30곳을 개발하여 30만 호를 공급하겠다는 방침을 밝힌 이후, 이 방침에 따라 2018년 12월 19일과 2019년 5월 7일 두 차례에 걸쳐 3기 신도시 5곳(남양주 왕숙, 하남 교산, 인천 계양, 고양 창릉, 부천 대장)을 포함하여 총 86곳에 택지를 개발하여 주택을 공급하겠다는 계획을 발표했다. 2020년 8·4 대책에서는 기존 공급 목표에 13만 2,000호를 더해 2028년까지 수도권 지역에서 총 127만 호를 공급할 예정이라고 밝혔으며, 2021년 발표한 2·4 대책에서는 127만 호 공급계획에 61.6만 호를 추가해 수도권에 역대 최대 수준의 주택공급을 하겠다는 방침을 세웠다.

부동산 가격 폭등 시에 추진되는 공급확대 정책의 배경에는 다음의 논리가 작용하는 것으로 보인다. '경제학원론 교과서에 나오는 수요-공급의 법칙에 따르면 어떤 재화의 가격이 상승하는 것은 수요량에 비해 공급량이 부족할 때 생기는 현상이므로 공급을 확대해서 이 현상을 해소하면 가격 상승을 막을 수 있다.' 수요-공급 이론에 관해 들어본 사람은 별 생각 없이 이 논리를 받아들이기 쉬운데, 정책 당국자들도 예외가 아닌 것 같다.

이 논리는 원인 진단에 초점을 맞추면 '공급부족론', 대책에 초점을 맞추면 '공급확대론'이라고 부를 수 있는데, 이 글에서는 공급확대론으로 통일하기로 하자. 공급확대론은 노무현 정부 때 대거 등장한 부동산 시장만능주의자들이 개발하여 줄기차게 주장하던 이론이다. 그들이 이 이론을 주장한 데는 노무현 정부의 부동산 불로소득 환수 정책을 흠집 내려는 의도가 깔려 있었다. 얼핏 보면 그럴듯해 보이지만 조금만 더 생각하면 공급확대론은 치명적인 결함을 안고 있음을 확인할 수 있다.

공급부족이 집값 폭등의 원인이라고?

노무현 정부 당시 부동산 시장만능주의자들은 부동산 가격 폭등은 공급이 부족해서 일어나며 이를 해결하기 위해서는 공급을 어렵게 만드는 각종 규제를 풀어서 수요가 있는 곳에 공급이 확대되도록 해야 한다고 주장했다. 그들의 주장은 문재인 정부 부동산 정책의 실패가 확연히 드러나면서 화려하게 부활했다. "부동산 학계에서는 과도한 규제와 공급 부족이 현재와 같은 '참사'를 야기했다는 것이 정설이다".[1] "부동산은 공급 부족으로 인한 가격 급등이 문제",[2] "재개발 재건축의 정상화를 통한 부동산 공급확대 정책으로 부동산 시장의 안정화를 도모"[3]와 같은 기사들이 언론의 지면과 화면을 장식하고 있으니 말이다.

작금의 집값 폭등은 공급부족 때문에 일어났을까? 아니다! 2017년과 2018년 서울과 수도권의 주택 공급량은 그 이전 10년 평균치와 5년 평균치를 모두 상회하는 수준이었다.[4] 공급 측면에서 서울과 수도권의 집값 폭등을 유발할 만한 특이 요인은 없었다는 뜻이다. 다른 의미에서, 즉 수요를 기준으로 볼 때 공급이 부족했다는 식으로 공급부족을 지적할 수 있을지 모르겠다. 이는 공급에는 별문제가 없는데 수요가 갑자기 팽창할 때 생기는 현상이다. 이런 공급부족은 정확히 말하면 초과수요이며, 부동산 시장만능주의자들이 이야기하는 것과는 전혀 다른 내용이다. 이를 굳이 공급부족이라 부르는 데는 진정한 원인을 감추고 진실을 호도하려는 의도가 깔려 있다고 볼 수밖에 없다.

공급확대론자들은 공급에 지나치게 집착하는 것과는 대조적으

1 《조선일보》, 2021. 4. 22.
2 국민의힘 이종배 정책위 의장 발언, YTN, 2021. 4. 26.
3 오세훈 서울시장 발언, MBN, 2021. 4. 29.
4 관계 부처 합동, 「실수요 보호와 단기 투기수요 억제를 통한 주택시장 안정화 방안」, 2017. 8. 2.

로, 부동산 수요에 대해서는 이상하게 느껴질 정도로 침묵한다. 이들은 2010년대 전반 부동산 시장이 침체해서 가격 하락이 본격화하는 상황에서도 여전히 공급확대를 주장했다. 그들의 주장대로 부동산 값의 폭등이 오로지 공급부족에 기인한 것이라면 부동산 가격 하락은 공급과잉 때문이라고 주장했어야 수미일관했을 것이다. 그런데 그 상황에서도 그들은 공급확대를 주창했다. 그때 그들이 내세운 논리는 몇 년 후에 주택 부족으로 인한 부동산 가격 폭등이 우려된다는 것이었다.

노무현 정부 때에도, 문재인 정부 들어서도 집값 폭등은 유동성 과잉과 불로소득 환수 장치 미비로 투기적 가수요가 팽창하는 바람에 일어난 일이다. 2014년 이후 서울과 수도권의 주택가격이 빠르게 상승하는 시기에 다주택자의 주택 매입도 급격히 증가했음은 통계가 증명한다. 예컨대 2주택 이상을 보유한 다주택자의 주택 매입 비중을 보면, 2012~2015년에 연평균 4.6%이었던 것이 2016~2017년에는 13.9%로 급상승했다.[5] 부동산 '투자' 비법을 알려주는 고액 강좌가 성황을 이루고, 평범한 시민들이 대거 '갭 투자'와 '아파트 구매 투어'에 나서며, 대학생들이 부동산 '투자' 동아리를 만들어 부동산 매입을 시도하는 현상을 투기라는 말 외에 무엇으로 표현할 수 있겠는가?

---

5 같은 자료.

공급확대 정책으로 집값을 안정시킨다고?

진단을 엉터리로 했는데 처방이 제대로 나올 리가 없다. 결론부터 말하면, 공급확대 정책은 부동산 시장을 안정화하기는커녕 가격 변동을 증폭시킨다. 투기적 가수요는 거품과 같아서 그 규모를 파악할 수 없고 언제 어떻게 팽창할지 사라질지 예측할 수가 없다. 그러니 거기에 맞춰서 공급을 확대한다는 것 자체가 애당초 어불성설이다.

게다가 부동산값이 폭등하는 상황에서 공급확대를 추진하면 시장을 안정시키기는커녕 오히려 집값 폭등을 가속할 수 있다. 투기 국면에서는 공급확대 정책의 발표 자체가 시장 참가자들에게 새로운 개발 호재를 던져주는 것이기 때문에, 해당 지역을 중심으로 토지투기와 주택투기가 일어나기 쉽다. 수요-공급 이론을 적용해서 설명하자면, 정부는 공급곡선을 바깥쪽으로 이동시켜 가격을 안정시키려 하지만 수요곡선이 원래 자리에 머물지 않고 바깥쪽으로 크게 이동해 버리는 것이다.

더욱이 주택의 공급곡선이 바깥쪽으로 이동하는 데에는 많은 시간이 걸린다는 점도 문제다. 정부가 공급확대 방침을 발표하더라도 실제 공급이 이뤄지는 데는 4~5년이 걸리는 것이 일반적이다. 그러므로 현재 시점에서 공급곡선은 바깥쪽으로 거의 이동할 수가 없다. 앞에서 공급확대 정책을 발표하면 투기가 발생하여 수요곡선이 바깥쪽으로 크게 이동한다고 했다. 이처럼 수요곡선은 바깥쪽으로 크게 이동하고 공급곡선은 원래 자리에 그대로 있다면, 주택가격은 하락하기는커녕 오히려 큰 폭으로 상승한다. 아래 그림은 이 모든 과정을

그림 12-1　투기 장세에 시행하는 공급확대 정책이
　　　　　　부동산 가격을 더 상승시키는 이유

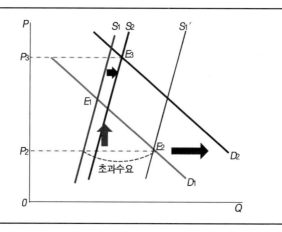

잘 설명한다. 정부는 주택 공급곡선을 S_1에서 S_1'으로 이동시켜 균형
점을 E_2로 가게 함으로써 가격을 안정시키려 하지만, 단기적으로 주
택 공급곡선은 거의 이동하지 않고(기껏해야 S_1에서 S_2로 이동한다) 새로운
투기수요의 발생으로 주택 수요곡선이 D_1에서 D_2로 이동한다. 그 경
우 균형점은 E_2가 아니라 E_3로 가버리고 가격은 더 심하게 상승할
수 있다.

　참여정부 때 2004년 내내 잠잠했던 부동산 투기에 다시 불을 붙
인 것은 재건축규제 완화 방침 발표와 판교 신도시 개발이었다. 2005
년의 8·31 대책 이후 안정세를 보였던 강남 집값이 2006년 초에 다
시 상승하기 시작한 것도 당시 서울시 의회가 재건축규제를 완화하
려는 움직임을 보이면서부터였다. 2006년 후반 돌발적인 집값 폭등
에 기름을 부은 것도 검단 신도시 건설 발표였다.

공급확대 정책의 효과가 나타날 무렵에 부동산 경기가 역전되어 있다면, 수년 전에 실시한 정책은 가격 하락을 가속하는 결과를 초래할 것이다. 부동산 경기 침체기에는 가격 폭락을 방지하는 것이 급선무인데 과거에 시행한 정책이 그에 역행하는 효과를 낳을 테니 난감한 상황이 아닐 수 없다. 요컨대 투기 장세에서 시행하는 공급확대 정책은 시장 안정화 정책이 아니라 불안정성을 증폭시키는 정책이다. 아무리 급하다 하더라도 이런 정책으로 집값을 잡으려 해서는 안 된다. 이는 마치 병을 오진한 의사가 잘못된 처방으로 환자를 치료하려 드는 것과 마찬가지이다.

국가가 직접 분양주택을 공급해도 괜찮을까?

한국 정부는 부동산 가격을 안정시킨다는 명분으로 토지는 물론이고 주택까지 직접 공급해 왔다. 특히 1981년 이후에는 택지개발촉진법에 의거, 민간의 사유지를 강제수용하여 공공택지를 조성한 다음 건설업체에 분양하거나 직접 주택을 건설해 민간에 공급했다. 더욱이 문재인 정부는 공공택지 조성을 넘어 군 부지나 공공기관 이전·유휴부지 등 기존 국공유지에 분양주택을 지어서 공급하는 정책까지 추진하고 있다.

사유지 강제수용은 매우 높은 공공성을 전제로 해야만 정당성을 인정받을 수 있는 행위다. 그런데 국가가 그 토지를 그대로 또는 주택을 지어 민간에 매각함으로써 장사를 해왔으니 앞뒤가 맞지 않는다. 공공택지 조성과 공공주택 공급을 통해 국민의 주거문제를 해결해야 할 공기업(LH)이 이윤 극대화를 추구하는 독점 사기업처럼 변질해 버렸다. 물론 LH 구성원들은 토지와 주택의 매각대금으로 공공임대주택을 짓는다고 변명한다. 하지만 현재 명실상부한 공공임대주택의 비율이 전체 주택 재고의 4.4%에 머물고 있다는 사실에 비추어 이는 그야말로 변명에 지나지 않는다. 짐작건대 LH가 땅장사·집장사로 벌어들인 수익 중 적지 않은 부분이 조직 자체와 구성원을 위해 사용되었을 가능성이 있다. 게다가 LH 사태에서 드러났듯이 공공택지 조성을 통한 도시 개발은 내부 정보를 활용한 직원들의 투기 행각을 초래하기도 했다.

얼마 남지 않은 기존 국공유지를 분양주택 부지로 활용하는 것도 문제이다. 2019년 현재 한국의 국공유지 비율은 30%로 싱가포르(81%), 대만(69%), 미국(50%) 등에 비해 현저하게 낮고, 대부분이 공원이나 도로 등 경제적 이용의 여지가 작은 토지들이다. 이는 역대 정부가 국공유지를 확보하기는커녕 기회만 되면 땅을 민간에 팔아넘긴 탓이다. 지금은 전문가들 사이에 토지비축 제도를 적극적으로 활용해 국공유지를 확충해야 한다는 인식이 확산하고 있다. 그럼에도 문재인 정부조차 얼마 남지 않은 국공유지에다 분양주택을 건설하는 정책을 추진했으니 안타깝기 짝이 없다.

국공유지를 매각하면 일시적으로 거금이 들어오지만, 영구적으로 발생하는 수입, 그것도 계속 증가하게 되어 있는 수입은 포기할 수밖에 없다. 이는 황금알을 낳는 거위를 잡아 고기를 파는 것과 매한가지 아닌가? 국공유지는 국가가 계속 보유하면서 민간에 임대해 임대료를 징수하는 것이 바람직하다. 이 제도는 토지공공임대제라 불린다.

　싱가포르와 홍콩은 토지공공임대제를 전면적으로 운영해 왔고, 네덜란드, 핀란드, 스웨덴, 이스라엘 등은 지방정부 차원에서 이를 시행해 왔다. 영국의 전원도시Garden City, 오스트레일리아의 캔버라, 미국 뉴욕시의 배터리 파크 시티Battery Park City는 이 방식을 적용해 도시 개발에 성공했다. 토지공공임대제는 개발이익 환수, 도시계획 기능 제고, 부동산 투기 억제, 사회간접자본 건설 비용 절감 등 다양한 긍정적 효과를 유발했다고 알려진다. 국가의 분양주택 공급은 이 방향에 정면으로 배치되는 정책이므로 지양하는 것이 마땅하다.

지역 균형발전은 어디로 가고?

원인 진단을 제대로 한 정부라면 수도권에 주택 공급 물량을 늘리지 않고 주택 수요를 지방으로 분산하는 정책을 쓸 것이다. 그렇게 하면 수도권의 집값을 안정시킬 수 있을 뿐만 아니라 지역균형 발전에도 도움이 될 것이므로 일석이조가 아닌가? 머지않은 장래에 지방 도시의 약 30%가 소멸할 것이라는 예측이 등장한 것도 제법 오래됐다. 그런데 문재인 정부는 수요 분산은커녕 수도권 주택공급 확대 정책을 적극적으로 추진하고 있다. LH 사태 이후 문재인 대통령은 그동안 부동산 불로소득 환수에 소홀했음을 인정하면서도 2·4 대책을 차질 없이 추진하겠다는 의지를 밝힘으로써 수도권 주택공급 확대 정책을 포기할 의사가 없음을 분명히 했다. 2·4 대책에 따르면, 2025년까지의 총공급목표 83.6만 호 중 서울을 포함한 수도권이 61.6만 호로

73.7%를 차지한다. 수도권 중심주의가 노골적으로 반영된 셈이다.

문재인 정부 출범 후 당연히 회복될 것으로 예측되었던 지역균형 발전 정책이 홀대당한다는 소문은 오래전에 들었다. 실제로 지역의 혁신도시에 방문하면 가게 문이 닫힌 곳은 한두 군데가 아니고 밤에는 사람이 오가지 않는 유령도시의 느낌을 받는다. 혁신도시를 활성화하는 등 지역균형 발전 정책을 회복해 주택 수요를 분산시키는 정책을 추진하지 않은 채, 자본과 인력을 빨아들이는 블랙홀처럼 되어버린 수도권에 주택투자를 더 집중시키는 정책을 계속 추진한다면, 지역 간 불균형은 더 심해지고 지방소멸은 더 가속화될 수밖에 없다.

이상에서 살펴본 바에 따르면, 수도권 주택공급 확대 정책은 잘못된 원인 진단에서 나온 잘못된 처방이다. 그것은 부동산 시장을 안정시키기는커녕 불안정성을 증폭할 가능성이 크고, 공공택지와 국공유지 매각으로 영구적으로 발생할 수입, 그것도 계속 증가하게 되어 있는 수입을 포기하게 만들며, 지역 간 불균형을 심화하고 지방소멸을 가속할 우려가 있다. 그럼에도 정치권에는 이 정책이 부동산 문제를 해결할 최선의 방안이라는 인식이 만연하고 있으니 걱정이 앞선다.

2021. 5. 작성(2022. 4. 수정하여 실음)

13
주택시장 불안정과 가계대출 규제

배영목
충북대학교 명예교수

코로나19 대유행 이후 가계부채 총액의 급격한 증가세는 자영업 위기에 따른 유동성 부족으로 인한 대출수요 증가보다는 부동산 및 주식의 가격 급등세에 따른 대출수요 폭증에서 비롯된 것으로 파악하고, 코로나19 대유행으로 인한 경제위기 속에서도 금리의 단계적 인상에 이어 가계대출 총량 규제까지 시도되고 있다. 이러한 금융기관 가계대출 규제 예고는 코로나19 대유행 이후 저금리정책 속에 전개되는 부동산, 주식 자산가격 폭등에 따른 금융불균형의 충격을 줄이고 현안인 부동산시장의 과열을 줄이려는 정책목표를 가지고 이루어진 것으로 보인다.

이러한 정책의 실효성을 검토하기에 앞서 주택시장의 불안정의 근원을 살펴보고 가계대출 규제의 배경과 내용을 살펴본다. 이어서 가계대출 규제의 성과와 한계를 살펴보고 마지막으로 가계대출 총액

규제의 시행 방안과 기대효과에 대해 검토하고 앞으로의 과제를 제시한다.

주택시장 불안정의 근원

한국에서 주택은 가계의 가장 주요한 자산이다. 「가계금융복지조사」 2020년 기준에 따르면, 가계 자산의 중앙값은 2억 5,795만 원인데 거주주택의 중앙값은 2억 2,000만 원이다. 또한 가장 비중이 큰 부채는 주택구입으로 인한 담보 대출인데 중앙값은 8,000만 원이고, 그 다음이 임대보증금인데 중앙값이 6,000만 원이다. 거주 주택은 소유 주택 수와 상관없이 가계의 핵심자산이자 투자자산(자본)이기 때문에 거주주택 보유에도 자본이익이나 자본손실이 반드시 따른다. 한국 정부는 부동산 가격 상승으로 인한 자본이익을 투기적 이익으로 규정하여 그 일부를 양도소득세로 환수한다. 반면에 주택 소유자는 매매 차익은 매각시 얻는 투기적 이익이 맞지만 다른 주택으로 전환할 때는 사라지는 이익으로 생각하고 이에 대한 과도한 과세는 탐탁지 않게 생각한다.

문재인 정부는 주택구입을 투기적 수요와 실수요로 구분하여 재정·조세·금융정책을 수립했지만 주택구입 단계 또는 이를 위한 대출 단계에서는 이를 구분하기는 어렵다. 거주에 필요한 주택을 매입하더라도 다른 사정이 없다면 가장 유리한, 다시 말해 자본이익이 가장 큰 시점을 선택하여 주택을 매각하기 때문에 결과적으로 투기자라고 할 수 있다. 1주택자를 포함한 거의 모든 주택보유자는 주택의 막대

그림 13-1 아파트 매매가 및 전세가의 상승률 추이(전년 동월 대비 %)

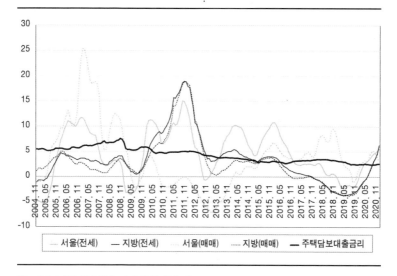

주: 아파트가격 상승률은 전년 동월 대비 값.
자료: 통계청, 국가통계포털 한국부동산원, 한국은행 경제통계시스템.

한 자본이득 때문에 주택의 미래가격에 대해 민감할 수밖에 없다. 이런 이유로 주택시장은 미래의 기대가격에 좌우되는 매우 불안정한 시장이라고 할 수 있다.

또한 주택시장의 공급은 주택건설의 소요기간, 과도한 매각 비용, 양도세제 특성 등 때문에 단기적으로 가격에 대해 비탄력적이기 때문에도 주택시장도 수요변화에 민감한 불안정한 시장이 된다. 2019년 이후의 상황을 보면 정부가 주택에 대한 수요통제를 통해 주택보유자의 기대를 변화시키지 못했기 때문에 주택가격 폭등세는 지속되었다. 주택수요를 급증시킨 주택투기에 대한 사회적 비난은 거셌고 그에 대한 제재도 강화되었지만 그것은 해결책이 아니었다.

거주 주택 자체는 거액이지만 전세나 가계대출 등의 주택금융을 활용하면 적은 돈으로도 구입할 수 있기 때문에, 그림 13-1에서 보듯이 기대수익률인 주택가격 상승률이 가계 구입비용인 대출금리를 크게 벗어날 때 주택시장은 매우 불안정해질 수 있다. 그림 13-1을 보면 주택시장 과열의 우려가 큰 시기는 수도권은 2006~2008년과 2020년 이후이고, 지방은 2011~2012년과 2020년 이후이다. 그와는 반대로 주택시장이 크게 침체된 시기는 수도권은 글로벌 금융위기 이후부터 2014년이고, 지방은 2017~2018년이다.

가계대출과 주택가격의 상호작용

한국의 가계부채는 「가계금융복지조사」에 따르면 ① 금융부채와 ② 임대보증금으로 구분된다. 금융부채는 ③ 담보대출, ④ 신용대출, ⑤ 신용카드대출 ⑥ 기타대출 등으로 나누어진다. 2020년 기준으로 보면 해당가구 비율은 ① 57.7%, ② 15.9%, ③ 38.5%, ④ 22.3%이다. 해당가구 채무액의 중앙값은 ① 6,000만 원, ② 5,500만 원, ③ 8,000만 원, ④ 2,000만 원이다. 금융기관의 대출과 관련되는 가계부채는 ③ 담보대출, ④ 신용대출, ⑤ 신용카드대출 등이다. 이와는 달리 한국은행에서 발표하는 가계신용은 금융기관의 가계대출과 판매신용(신용카드사용액)의 합이다. 여기서 거시경제적으로 문제로 삼는 것이 가계신용 중에서 금융기관의 가계대출이다. 금융기관의 가계대출은 크게 주택 담보대출과 기타 대출로 구분된다.

금융기관이 가계에 대해 제공하는 가계신용 제공 방식은 수없이 많지만 자산을 담보로 하는 담보대출, 개인의 소득이나 신용에 근거하는 기타 대출 등의 가계대출, 그리고 신용카드 등의 사용으로 인한 판매신용으로 구분된다. 한국에 가계신용의 95% 정도가 가계대출이고 가계대출 중에서 주택 담보대출 비율은 55% 전후인데 그 비율은 매우 안정되어 있다. 따라서 금융기관의 가계에 대한 신용은 50% 이상은 가계가 보유한 주택을 담보로 제공되고 있다고 할 수 있다. 신용대출은 과거에는 보증에 크게 의존했으나 지금은 각종 신용 관련 각종 정보를 종합한 개개인의 신용등급 등에 크게 의존하고 그에 따라 이루어지고 있다. 그리고 예·적금 등 주택 이외 담보에 의거해서 대출되는 경우도 있다.

특히 가계신용의 50% 이상이 개인이 소유한 주택을 주요 담보로 하는 담보대출이다. 때문에 주택가격 상승은 가계대출 담보가액의 증가를 통해 가계대출액을 크게 늘릴 수 있다. 또 주택가격 상승은 가계 대출수요를 자극하여 가계대출액 증가를 가져올 수 있다. 가계대출액 증가는 나아가 주택 매입을 초래하여 주택가격 상승과 가계대출 증가는 서로 상승작용을 일으키게 된다.

가계신용과 가계대출의 추이는 그림 13-2와 같다. 가계대출 전체 추이는 주택 담보대출 추이와 거의 비슷하고 주택 담보대출은 주택가격 지수와 증감과 비슷한 추이를 보인다. 특히 2019년 이후 주택가격 상승세는 전례 없이 가파르다. 이에 따라 2020년 이후 주택 담보대출액의 증가율도 급등하고 신용대출 등 기타 대출액은 이보다 더 빠르게 증가함으로써 가계대출 전제증가율이 주택 담보대출 증가율보다 더 높게 나타났다.

그림 13-2 가계대출 증가율(전년 동월 대비 %)

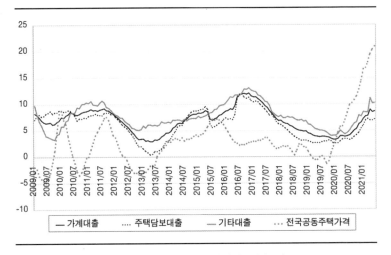

자료: 통계청, 국가통계포털 한국부동산원, 한국은행 경제통계시스템.

　　코로나19 대유행 이후 저금리와 금융완화책은 주택가격 상승과 대출증가액이 상호작용하는 금융불균형을 심화시켰다. 이러한 가계 대출 증가의 이면에는 주택가격 상승뿐 아니라 주가의 상승도 자리 하고 있는데, 이 두 가지는 대출 증가와의 상호작용을 통해 가계의 부채 레버리지를 크게 높이게 되었다. 이와 달리 주택가격 폭락이 시 작되면 반대로 주택담보 가치가 떨어지고 대출액이 줄어들고 대출 상환도 어렵게 되고 부채 레버리지도 낮아진다. 자산가치 폭락으로 가계의 재무구조가 악화되고 가계의 채무불이행 위험이 증가하면 가 계대출을 확장하던 금융기관도 위기에 직면할 수 있다.

가계대출 규제 도입의 배경과 전개

정부의 가계대출 규제가 있기 전에는 주택의 담보인정비율Loan To Value은 대략 70~80% 수준에서 은행이 대출만기, 주택가격, 소재지 등을 고려하여 결정되었으나, 정책적으로 규제된 것은 김대중 정부에서부터이다. 김대중 정부는 투기과열지구에서는 그 비율을 60%로 낮추었고, 노무현 정부는 2003년 5월 50%로 낮추다가 그해 10월에는 또 다시 40%로 낮추었으나 일부 장기대출에 대해서는 70%를 적용하는 등 완화하는 경우도 있었다. 노무현 정부는 이에 그치지 않고 2005년 7월에는 이를 세분화하여 지역과 만기에 따라 차등을 두었다. 그 결과로 LTV는 대략 40~60%에서 유지되었다. 이명박 정부도 2009년 7월 수도권에서는 60%에서 50%로 낮추고 10월에는 제2금융권에 대해서는 70%에서 60%로 낮추었다. 박근혜 정부는 부동산시장 활성화를 위해 2014년 8월 전체 금융권에 대해서 일원화하면서 그 비율을 70%로 높였다.

문재인 정부가 부동산시장의 과열을 막기 위해 발표한 많은 부동산 대책 중에 LTV 규제를 강화하는 내용도 포함되어 있다. 2017년 6월 「실수요보호와 단기투기수요 억제를 통한 주택시장 안정화 방안」을 발표하면서 규제의 기본 틀을 제시하였다. 표 13-1에서 보듯이 지역과 대출자를 각각 세 범주로 나누고 이 비율을 적용했다. 2019년 12월에는 시가 9억 원을 초과하는 대출자에 대해서 LTV 비율을 50%에서 30%로 낮추었다.

총부채상환비율Debt To Income, 즉 연간 대출 원리금 및 이자 상환

표 13-1 일반 주택 담보 대출 및 집단 대출의 상한 비율(단위: %)

구분	투기(과열)지구		조정대상지역		기타 지역	
	LTV	DTI	LTV	DTI	LTV	DTI
서민 실수요자	50	50	70	60	70	60
주택 담보 미대출자	40	40	60	50	70	60
주택 담보 대출자	30	30	50	40	60	50

자료: 국토교통부 보도자료(2017.8.2).

액을 소득의 일정수준 이하로 제한하는 규제는 노무현 정부가 2005년 8월 LTV 규제를 보완하기 위해 도입했다. 즉 소득수준이 낮은 대출자의 상환불능위험을 줄이기 위해 대출한도를 두는 것이었다. 이 비율도 LTV 규제와 마찬가지로 지역, 주택감정가, 대출금액을 고려하여 40~60%에서 차등 적용했다. 이명박 정부인 2010년에 실수요자인 경우 이 비율의 적용은 금융기관에 맡기기로 했다. 박근혜 정부는 2014년 8월 지역과 계층을 구분하지 않고 60%를 적용하는 방식으로 규제를 단순화하면서 완화했다. 문재인 정부는 지역별, 계층별로 차등화하면서 투기(과열)지역의 적용 비율을 낮추었다.

가계대출 규제의 성과와 그 한계

한국의 금융기관이 외환위기 이후 가계를 주요 영업대상으로 하여 성장하였기 때문에 금융안정에서 가계의 재무구조의 중요성은 갈수록 증대했다. 가계대출 규제의 일차적인 목적은 주택시장의 수요통제이지만 거시경제의 건전성을 높이는 정책으로 인식되고 있다. 즉 가계의 과도한 차입을 억제함으로써 가계의 재무구조의 건전성을 높이고 이를 통해 금융기관의 건전성도 높일 수 있다.

2002년 이후 LTV와 DTI 규제의 효과를 분석한 연구결과에 따르면 경기확장 국면에서 주택담보 대출 증가세 및 주택가격 상승세를 완화하는 데 상당히 기여했다.[1]

그러나 이러한 규제의 효과는 다음과 같은 규제 회피 움직임으로 점차 줄어들었다. 첫째, 규제대상이 아닌 금융기관으로 대출수요가 이동하는 이른바 풍선효과가 나타났다. 초기의 규제대상은 은행권에 국한되어 다른 금융기관의 주택 관련 대출이 급증하는 현상이 발생했다. 둘째, 주택이 아닌 부동산 담보 대출이 늘어나고 상업용 부동산 대출이 크게 늘어나고 이 자금이 주택 구입에 전용되는 현상이 나타났다. 셋째, 기존 주택 대출 기한이 연장되면서 기대효과가 점차 줄어들었다.

주택구입자금 대출에 대한 규제가 강화되더라도 가계는 다른 유형의 대출을 통해 주택자금을 마련함에 따라 가계대출의 주택가격 순응적 형태는 큰 변화를 보이지 않았다. 그림 13-2는 주택가격과 가계대출의 동조현상은 가계대출 규제의 주택시장의 안정에 미치는 효과가 정책당국이 기대하는 만큼 크지 않을 수 있다는 점을 잘 보여준다. 이른바 '빚투'와 '영끌'은 주택구입 열기는 물론 대출규제의 한계도 말해준다.

---

1   한국은행, 『한국의 거시건전성정책』(2015), 228쪽.

가계대출 총량규제와 금리의 단계적 인상

주택시장의 과열로 인한 주택가격 폭등은 현재 한국의 주요 경제문제이면서 정치적인 문제의 중심에 있다. 이러한 문제의 심각성 때문에 주택시장 안정을 위한 강력한 정책이 예상된다. 사실 문재인 정부는 주택시장 안정을 위해 가능한 모든 수단을 이미 동원했다. 그래도 남은 수단이 없는 것이 아니다. 그 대표적인 것이 양도세 완화, 금리의 대폭 인상 및 가계대출 총량규제 등이다. 여기서 금리 인상과 가계대출 억제는 같은 기조의 정책이지만 금리의 대폭 인상이 가장 강력한 정책수단이다.

금리 인상은 그림 13-1에서 보면 투기적 요소를 가진 주택시장에서 발생하는 자본이득을 크게 줄이는 것이기 때문에 주택시장 수요 감소를 통해 가격안정에 크게 도움이 될 것이다. 하지만 일본의 버블붕괴와 글로벌 금융위기에 앞서 금리의 대폭 인상이 있었음을 상기해 보면, 금리의 대폭 인상의 충격이 엄청나다는 것을 짐작할 수 있다. 현재와 같이 코로나19 경제위기가 지속되는 상황에서 금리의 대폭 인상이 있다면 신용경색과 경기침체가 심각해질 것이다. 그렇기 때문에 금리 인상은 있더라도 소폭일 것이고 그 시기도 최대한 늦추어질 것이다. 그렇게 되면 금리인상의 주택시장에 대한 영향도 줄어들 것이다.

이러한 문제 때문에 금융당국은 지금까지 금리 인상보다는 대출규제 강화를 시도해 왔다. 최근의 대출규제는 금리 인상을 대신하면서 보완하는 것이기 때문에 총량규제, 그것도 개인별 규제가 아닌 금융기관별 가계대출규제로 가고 있다. 이 대출규제에는 대출중단, 대출한도 인하, 대출기한 단축 등의 여러 방안이 있다. 어느 방안이든 강력한 추진은 수요자의 반발이나 불만을 증대시킬 것이고 이 반발 때문에 규제는 곧 완화될 수밖에 없다. 더욱이 이러한 규제에 영향을 받지 않거나 우회할 수 있는 층들이 주택 매입을 지속한다면 그 기대효과는 더욱 줄어든다.

앞으로의 과제

한국의 금융산업은 외환위기 이후 주택시장을 주요 영업기반으로 성장해 왔다. 앞으로 가계금융의 건전성은 한국경제의 경제안정이나 금융안정에도 매우 중요하다. 주택시장의 과열로 통화정책에서 가계부채관리의 중요성이 높아지고 이에 따라 이 문제가 통화정책의 핵심정책인 기준금리 결정에까지 영향을 미치게 되었다.

현재의 주택시장 수요조절이 기대한 성과를 거두지 못했던 것은 주택시장을 실수요시장과 투기적 수요시장으로 자의적으로 양분하여 대응하고, 공급의 현재가격에 대한 단기적 비탄력성을 가볍게 본 것, 그리고 사회·정치적 고려에 따라 지나치게 복잡해진 세제 및 규제조치 등으로 정책효과도 불확실하고 실효성도 낮아진 것 때문일 것이다. 특히 전세라는 대출규제를 우회할 수 있는 손쉬운 방안이 있기 때문에 한국의 대출규제 정책은 근본적으로 한계가 있다.

최근의 금리의 단계적인 인상과 대출총량규제가 일관성 있게 추진된다면 주택수요자의 기대 변화를 통해 주택시장의 변화가 있을 것이다. 그렇지만 금리의 인상이나 대출총량규제의 부작용이 만만 찮을 것이기 때문에 이에 대한 대책을 준비하고 있어야 한다. 그렇지 않으면 수요관리를 통한 소프트랜딩보다는 버블붕괴를 통한 하드랜 딩의 가능성이 더 높아질 것이다.

문재인 정부는 투기적 이익이 발생하는 지역이나 이를 누리려는 계층에 대해 조세증징과 함께 가계대출 규제를 강화했다. 하지만 가 계대출 규제의 원래의 목표인 가계의 재무안정성이나 주택시장 안정 을 위한 대출규제의 실효성은 높지 않았다. 주택시장 안정의 마지막 방안으로 총액 대출한도제가 시도되고 있다. 그러나 이 방안이 신규 대출 중단이나 대출연장 중단 같은 충격적인 방식으로 무리하게 추 진된다면 주택시장 안정에 도움을 주기에 앞서 가계신용의 경색이나 가계의 경제활동 위축과 같은 부작용이 더 큰 문제가 될 수 있다.

가계대출 규제는 다른 나라와 마찬가지로 거시경제의 건전성을 높이는 효과적인 수단이 되기 위해서는 단순화하여 경기대응적으로 운용해야 한다. 투기지역을 정하거나 대출대상을 제한하는 방식으 로 지역적 형평성을 높이려는 대출규제는 되도록 줄이는 것이 바람 직하다. 주택시장도 마찬가지로 단기적으로 사회적 지역적 형평성 을 당분간 희생하더라도 시장안정을 위한 실효성 있는 방안을 찾아 주택가격 폭등 사태를 수습하려는 노력이 필요하다.

단기간에 주택공급의 가격에 대한 탄력성을 높이는 방안은 주택 매각에 대한 유인을 확대하는 것이고 이것이 제대로 작동하기 위해 서 규제체계나 조세체계도 단순화되어야 한다. 주택 매각 유인 강화 마저도 투기적 이익에 대한 부정적 인식 때문에 쉽게 받아들이지 못하고 있다.

　이 투기적 기대이익은 주택의 수요에도 영향을 미치지만 주택의 공급에도 영향을 미친다. 앞으로 정부는 주택가격 상승에 따라 증대할지 모르는 민간의 투기적 이익을 조세로 환수하는 것에 주력하기보다는 민간의 주택 매각 시 얻을 수 있는 투기적 기대이익을 주택시장 상황에 따라 적절히 조절함으로써 주택시장의 안정을 도모하는 방안을 모색해야 할 것이다.

　조세와 이자율은 투기적 이익과 직접 연관되어 있다. 이 때문에 주택시장이 불안할 때는 재정부담이 크고 정책시차도 긴 주택건설에 앞서 조세와 이자율의 신축적인 운용을 통해 불안정을 줄이는 것이 더 나을 것이다.

2021.9. 작성(2022.4. 수정하여 실음)

14
한국의 전세시장 변화와 정책적 함의

배영목
충북대학교 명예교수

도시화되고 산업화된 사회에서 거의 모든 사람들이 좋은 직장과 학교를 찾아, 나아가 더 살기 좋은 곳으로 옮겨 다니면서 일생을 보낸다. 토박이로만 살아온 사람들이 아니라면 대부분 개인 사정에 따라 어떤 식으로 주거를 마련할 것인가를 결정해야 할 경우가 적지 않다. 각자의 사정에 따라 매매, 전세, 반전세, 순월세, 사글세 등을 선택할 수 있다. 경제적 여유가 있는 경우라도 남의 집에서 살 수 있다. 이 경우 주거비용도 적고 주거환경도 나은 '가성비' 높은 계약을 선택할 수 있는데 그중 하나가 전세이다. 그렇지만 전세는 지역에 따라 차이가 있지만 구하기 쉽지가 않고 전세계약에 따른 위험도 적지 않다. 매매에는 투기적 이익만을 노린 가수요가 있을 수 있다. 그와는 다른 계약인 전세는 그 지역의 거주 실수요를 반영하는 것이므로 주택공급정책을 수립할 때 전세시장의 동향에 주목한다. 2019년 말 이후

연이어 발표된 각종 부동산시장 안정정책 이후 전세는 가격도 오르고 구하기도 힘들다. 이러한 현상은 지방보다도 서울에서 더 뚜렷하다. 한국의 독특한 점유형태인 전세의 추이와 지역별 차이를 살펴보고 그것의 정책적 함의가 무엇인가를 생각해 본다.

전세제도의 존재 근거

한국 사람들이 선호하는 전세의 기원은 분명하지는 않지만, 개항 이후 지역 간 인구이동이 증가하면서 서울과 주요 개항지를 중심으로 주택 임차 수요가 발생함에 따라 주택임대차 거래 중 일부가 전세로 발전했던 것으로 알려져 있다. 광복 이후에는 인구의 도시집중에 따라 주거난이 심화되면서 이 전세가 확산되었다. 특히 이 전세제도는 부동산 임대인과 임차인이 서로 이익을 증진시킬 수 있었기 때문에 민간인 사이에 자연발생적으로 확산된 결과로 임대차계약의 주요형태의 하나로 자리 잡아 법제화되었다.

임차인은 전세계약을 통해 다음과 같은 이점을 누릴 수 있다. 첫째, 월세보다는 상대적으로 저렴한 비용으로 원하는 지역에 거주지를 마련할 수 있다. 둘째, 저축으로 전세금을 늘려가면 전세금은 내집 마련의 중간 사다리가 되고 주택구입 시 은행대출을 대신할 수 있다. 셋째, 주택구입에 따른 불이익, 예를 들어 세제상의 부담, 청약순위 하락, 각종 거래비용 등을 줄일 수 있다. 넷째, 전세제도를 최대한 활용하여 주택구입 시기를 조절할 수 있다.

임대인도 전세계약을 통해 다음과 같은 이점을 누릴 수 있다. 첫째, 임대인이 서둘러 주택구입을 해야 할 경우 금융기관 대출 대신 임차인의 전세보증금을 활용할 수 있다. 둘째, 원하는 거주지역이 달라지더라도 주택을 매각하지 않고서도 전세로 임차한 주택에 거주할 수 있기 때문에 주택거래에 따른 거래비용이나 세금을 줄일 수 있다. 이러한 이유로 주택가격의 상승이 예상되는 지역에서 주택소유자는 매각하지 않고 전세를 줄 것이고 하락이 예상되는 지역에서는 주택을 서둘러 매각하고 여의치 않은 경우에만 전세로 임대할 것이다. 셋째, 주택소유자가 임대할 경우 선금을 받으므로 월세보다는 임대료 징수에서 어려움이 없어진다.

전세제도의 사회·경제적 효과

전세제도는 임차인이 주택을 직접 구매하지 않고서도 원하는 기간에 원하는 장소에서 거주할 수 있는 방안으로 주택 임대차거래를 활성화하고 나아가 부족한 주택담보 대출을 대체하는 효과를 가진다. 한국에서 직장 이동이나 학교의 입·전학 등으로 인구이동이 증가하면서 일시적 주택수요도 늘어나게 되었다. 또한 이를 충족시키기 위한 임대주택이 확대되었음에도 그 비용이 낮은 공공임대주택은 그 공급이 너무 적고 민간임대주택은 많지만 그 비용이 너무 높아, 주택거주비용이 증대하고 있다. 거주문제를 해결하기 위해 주택을 구입하게 되면 주택거래와 소유에 따른 각종 세금부담, 중개비용뿐 아니라 주택가격 하락에 따른 자본손실 위험, 유동성 부족 등의 문제가 있다. 이러한 이유로 매매수요 및 임대수요의 일부가 전세로 이동함에 따

그림 14-1 아파트 매매가 및 전세가의 상승률 추이(전년 동월 대비 %)

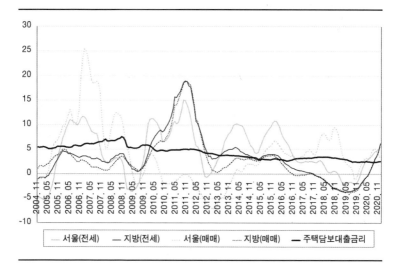

주: 아파트 가격 상승률은 전년 동월 대비 값.
자료: 통계청, 국가통계포털 한국부동산원, 한국은행 경제통계시스템.

라 전세계약이 위험도가 높음에도 수요가 줄어들지 않고 있다.

전세의 공급이 전세의 수요를 충족하지 못하면서, 그림 14-1에서 보듯이 전세가격은 장기적으로 매매가격과 비슷하게 움직이고 있다. 하락한 경우는 서울은 2010년에서 2013년까지, 지방은 2018년부터 2019년까지 정도이다. 지방의 경우 전세가격 움직임은 매매가격의 움직임과 비슷하지만 서울은 그렇지 않다. 최근에 부동산에 대한 관심이 집중된 이유는 서울과 지방의 매매가격은 물론 전세가격이 동반 상승세를 보이기 때문인데, 이 상승세는 과거에 비해 높은 것은 아니다. 어떻든 전세가격은 2019년까지 하락세였다가, 2020년에 들어와서 급등세를 보였다.

한국의 전세제도는 부동산 임대차와 금전대차가 결합한 것으로 부동산금융제도를 보완해 왔지만 이 제도의 불완전함 때문에 적지 않은 문제가 나타났다.

첫째, 매매가격이 하락할 경우 임차인이 제공한 전세보증금의 상환이 어려질 수 있는데 이로 인해 금융불안이 높아질 수 있다.

둘째, 전세보증금 반환 시 다른 채권이나 세금 등의 우선순위에 밀려 전세보증금 전액 상환이 사실상 어려워질 수 있다는 것이다. 정부는 이를 보완하기 위해 확정일자 등록, 전세금 등기 등 제도적 보완책을 강구했지만 전세보증금의 완전한 상환은 사실상 보장될 수 없다.

셋째, 전세가격은 중장기적으로 매매가격에도 연동되어 있다. 따라서 주택가격의 불안정은 전세가격의 불안정으로 시차를 두고 파급된다.

넷째, 정책당국이 문제로 삼는 것으로 부동산가격 상승세가 뚜렷해지면 전세제도를 활용한 이른바 '갭 투자'라는 부동산투기가 늘어날 수 있다. 이러한 갭 투자가 가능한 시기는 대략 매매가 상승률이 주택담보 대출 이자율보다 높은 시기라고 할 수 있다. 그림 14-1을 보면, 서울은 2005년에서 2008년까지, 2019년을 제외한 2015년 중반부터 현재까지이고 지방의 경우 2010년에서 2012년까지이다. 이러한 갭 투자는 금융기관 대출 규제를 우회하는 방안이기 때문에 대출규제에 따른 부동산 수요억제정책의 실효성을 낮게 된다. 그렇다고 해서 갭 투자는 개인의 경제적 자유에 속하는 것이므로 이를 금지할 수는 없다.

다섯째, 전세계약은 대부분 개인 간의 거래이므로 거래내역이 잘 드러나지 않는다. 이러한 이유로 증여세를 회피하는 수단으로도 활용되는 경우가 없지는 않다. 또한 임차인을 보호하기 위한 확정날짜 등기가 있지만 모든 전세거래가 체계적으로 집중·관리되고 있는 것은 아니다.

전세가율의 지역별 격차와 추이

한국의 전세가율 추이를 그림 14-2에서 보면, 전세가율은 서울, 수도권, 광역시, 지방(기타 지역) 순으로 낮다. 바꾸어 말하면 서울에서 멀어질수록 전세가가 매매가에 더 근접해 있다는 것이다. 서울과 수도권의 전세가격이 2013년부터 폭등하면서 서울과 수도권의 전세

그림 14-2 지역별 아파트 전세가율 추이(단위: %)

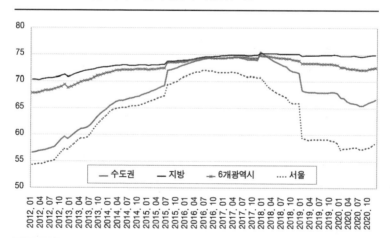

자료: 통계청, 국가통계포털 한국부동산원.

가율이 상승하는 동시에 다른 지방과의 격차가 크게 줄어들었다. 그러나 2018년 이후에는 서울과 수도권의 매매가 급등으로 전세가율이 급락하고 이에 따라 서울·수도권과 다른 지방과의 전세가율 격차도 크게 늘어났다.

아파트 전세가율은 아파트 가격 기대상승률이 높을수록 낮아지므로 지역별 전세가율 격차는 지역별 가격상승 전망의 차이와도 밀접히 연관되어 있을 것이다, 그림 14-3에서 시도별로 보면, 아파트 전세가율은 세종, 서울, 제주, 부산, 경기 등 아파트 가격이 상대적으로 많이 상승한 지역 순으로 낮다. 그런데 전세가율이 점차로 높아지면 이른바 '깡통전세' 문제가 발생할 수 있다. 이러한 문제는 전세가율이 80%를 넘어서는 지방 등에서 더 자주 발생하고 있다. 반면에 서울이나 수도권의 전세가율은 지방보다 낮았기 때문에 이러한 위험성은 적다. 하지만 그림 14-2에서 전세가율이 높아진 2016년에서

그림 14-3 시도별 전세가율의 차이(단위: %)

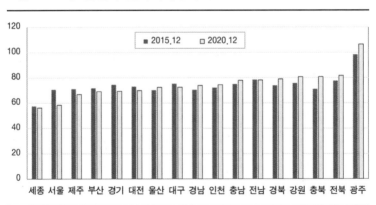

자료: 통계청, 국가통계포털 한국부동산원.

2017년에는 수도권에서도 이런 문제가 부각되었다. 저당권이 과도하게 설정된 주택의 전세계약에서 지역과 상관없이 '깡통전세' 문제가 빈번히 발생하는 점에도 유의할 필요가 있다.

월세시장의 성장과 전세시장의 퇴조

한국의 주택 임대차 시장은 구조적 변화를 겪고 있다. 그림 14-4에서 보듯이 주택유형의 중심에 있는 아파트의 임대차거래는 전세 중심에서 월세 중심으로 구조 변화가 나타났다. 전국 평균으로 보면 이러한 구조변화는 글로벌 금융위기 이후 서서히 진행되었지만 2016년 이후에는 급격히 진행되었다. 서울은 2016년 전후로 급격히 진행되었고, 지방(경기를 제외한 8개도)는 이보다 앞서 2012년부터 시작되었

그림 14-4 한국의 아파트 월세 및 전세의 비중 추이(단위: %)

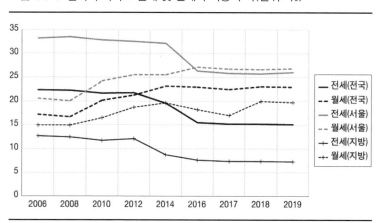

자료: 통계청, 국가통계포털 한국부동산원.

지만 안정적이지는 않다.

주택임대차시장은 전세시장 중심에서 월세시장 중심으로 전환되고 있는 것은 전세에서 월세로 전환할 때 적용되는 전월세전환율 하락세와 연관된 것으로 보인다. 전월세전환율은 그림 14-5에서 보듯이 하락세를 보인다. 이러한 변화의 시발점은 글로벌 금융위기 이후 기준금리 변화에서 보듯이 저금리정책으로 전세의 수익성이 낮아짐에 따라 임대인은 수익률이 낮아진 전세보다 아직은 수익률이 높은 월세를 선호하는 현상이 확산되었다. 임대인이 전세계약을 확보한 자금으로는 CD 수익률 이상으로 얻기가 쉽지 않은 반면에 월세계약을 할 경우 전월세전환율 정도의 수익률을 얻을 수 있다. 이러한 수익률 격차 때문에 임대인은 당연히 월세를 선호하는 것이다. 월세 임대 수익률과 거의 비슷한 전월세전환율은 서울에서 멀어질수록 높다.

임차인은 전월세전환율이 하락세를 보임에 따라 월세를 선호할 것으로 보이지만 그렇지 않다. 임대인은 은행대출을 받더라도 전세를 계약을 하는 것이 더 나을 수 있기 때문이다. 그림 14-5에서 보듯이 일반신용대출 금리조차도 시기에 따라 전월세전환율보다 낮아서 대출로 전세금을 마련하더라도 임차인으로서는 월세보다는 전세가 낫다. 최근에 와서 더 격차가 더 커져 월세보다 전세를 더 선호할 것이다. 이와 같이 임차인으로서는 전세가 유리한 계약이지만 임대인은 월세를 더 선호하여 전세공급은 도리어 줄어들었기 때문에 전세계약의 비율이 낮아지고 있는 것이라고 할 수 있다.

2020년 5월 정부가 전월세전환율을 법으로 정하면서 시장에 대한 충격을 줄이기 위해 잠정적으로 기준금리 +3.5%로 적용하고 10

그림 14-5 전월세전환율과 주요금리 추이(단위: %)

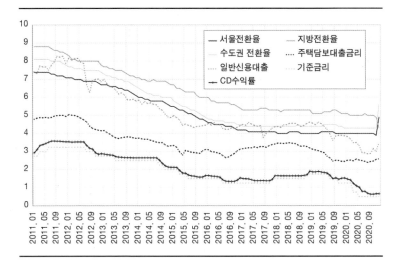

자료: 통계청, 국가통계포털 한국부동산원, 한국은행 경제통계시스템.

월부터는 기준금리 +2.0%를 적용하기로 했다. 이 기준에 따라 월세가 전세로 전환되면 좋겠지만 반대로 이 기준에 따라 월세가 전세로 전환되면 전셋값만 더 오르게 된다. 이 전환율은 아직 시장금리와의 차이가 크고 임대인이 자신에 불리한 계약전환은 거부할 것이기 때문에 그 효과는 제한적일 것으로 보인다. 어떻든 임차인은 전세공급이 늘어나는 것이 가장 바람직하기 때문에 이와 관련된 실효성 있는 대책을 바라고 있다.

정책적 함의

전세제도는 한국의 특수한 여건으로 자연발생적으로 형성되어 발전

한 제도이지만 아직은 불완전한 상태에 있다. 그럼에도 임차인으로
는 거주지 이동에 따른 거주문제를 해결하는 방안 중에서 가장 선호
하는 방안이다. 그러나 전세는 저금리 추세 속에서 그 자금의 운용수
익률이 낮아지고 임대인의 주택소유 조세부담도 늘어나고 있기 때문
에 점점 임대인이 전세보다는 월세를 선호하게 되었고 그 결과로 전
세계약의 비중이 줄어들고 있다. 그 대안인 월세도 보증금이 있는 경
우가 대부분이다. 월세의 비중이 늘어나기는 했지만 이것이 전세의
수요가 준 결과로 판단할 수는 없다.

　그런데 전세제도에 대한 시각은 정부와 민간 간에 큰 차이가 있는
것으로 보인다. 정부는 전세계약이 개인 간의 거래인 경우 잘 파악되
지 않았기 때문에 그 부정적인 측면을 강조하는 편에 있는 듯하다.
전세가 이른바 갭 투자와 같은 투기수단이 되고 있으며 불법증여 등
탈세의 수단이 되고 있고 전세금 미반환으로 인한 분쟁이 적지 않고,
이로 인한 채무불이행은 금융불안의 요인이라는 것이다. 이러한 입
장을 지지하는 사람들의 말대로 전세제도를 양성화하기 위해 전세권
의 등록을 강화하고 전세자금 운용으로 인한 소득에 대해서는 이미
이자소득세 등으로 과세되고 있지만 임대소득으로 간주하여 추가로
과세하면 전세공급은 더 줄어들 것이다.

　임차인은 전세계약 불이행 위험이 있음에도 주택임차에 대한 비
용을 줄이기 위해 월세보다는 전세를 선호한다. 한국은 다른 선진국
과 비교해 소비자 지출에서 거주비 비중이 낮은 편이다. 예를 들어
미국은 거주비 비용이 40%를 넘어서지만 한국은 주거비, 광열비, 수
도비 등을 합쳐도 20%가 되지 않는다. 주택가격이 하락세가 보일 때

는 주택수요자가 구입을 미루면서 그 비용은 줄이는 방안이 전세일 수도 있다. 정부가 그동안 공을 들인 공공임대주택 공급량의 일부를 전세로 돌린다고 하더라도 시장에 영향을 미치기에는 그 물량이 적어 시장에 대한 영향이나 제한적일 것이다.

정부도 전세제도는 현단계에서 불가피한 것으로 보고 임차인의 권리를 보장하기 위한 전세권 등기나 전세금 담보대출을 활성화하고 전세금보증보험도 권장하고 있다. 그러나 전세공급을 좌우할 임대인에 대한 유인책은 찾아보기 어렵다. 그것은 임대차시장에서 공급을 좌우할 임대인에 대한 부정적인 인식 때문으로 보인다. 전세공급자인 임대인은 갭 투자를 일삼는 이른바 '투기꾼'일 수도 있다. 아마 여러 가지 이유로 필요하여 사게 된 집을 팔지 않거나 못하여 전세를 준 경우가 대부분의 전세공급자일 것이다. 물량으로 보아도 민간공급자를 움직이지 않고서는 전세시장의 변화는 어렵고 이 변화는 부동산 정책의 기조의 변화 없이는 쉽지 않다.

개인의 전세임대는 과거의 관행대로 전세자금에 대해서는 별도의 과세없이 2개 이하에서 계속 허용하는 것을 확약하는 것도 전세공급 확대에 도움이 될 것이다. 그 범위를 넘어서면 전세다주택자의 폐해가 있을 수 있으므로 이들은 사업자로 등록하여 관리하는 등 보완책은 있어야 할 것이다. 또한 전세가격의 안정화를 이유로 실시하는 전세기간의 연장이나 전월세가율에 대한 새로운 규제는 전세가격의 상승을 억제하기보다는 전세공급 부족을 초래하고 있으므로, 계약기간이나 전월세전환율은 법적으로 일률적으로 규제하는 것보다는 예전처럼 민간의 자율에 맡기는 것이 더 좋을 것이다.

민간의 전세공급과는 달리 민간의 주택공급은 그에 맞는 유인이 있어야 할 것이다. 그 유인은 세제 혜택이나 시세 차익이다. 부동산이든 주식이든 자산은 시세 변동이 있고 보유자는 자본이득이나 자본손실을 겪게 마련이다. 아파트도 길게 보면, 지방은 물론 서울에서도 상승세와 하락세가 교차하여 자본이득도 자본손실도 있었다. 이러한 점에서는 주택이라는 자산을 일단 가지게 되면 1주택자인 경우에도 투기적 이익이나 손실에 민감해질 수밖에 없다. 시세차익이 나쁜 것이 아니라면 정부가 이 차익을 과도하게 환수하기보다는 적절히 나누는 것이 현실적인 방안이고 민간에 그 이익이 많이 갈수록 민간의 주택공급도 늘어날 것이다. 예를 들어, 양도세 인하는 정치적으로 어렵겠지만 시장공급 확대에는 도움이 될 것이다. 어떻든 주택공급의 확대가 전세공급의 확대로까지 파급된다면 임차인들의 상태가 더 나아질 수 있을 것이다.

문재인 정부는 주택가격의 단기적인 안정을 위해 수요통제에 초점을 둔 여러 대책을 내놓았지만 그 성과는 아직도 확실하지 않고, 복잡한 부동산 세제와 부동산 대출제도로 인해 어떤 정책이 효과가 있었는지 판단하기가 쉽지 않다. 부동산의 거래를 억제하는 방법으로 주택시장의 일시적 안정은 있었지만 그 안정에 대한 신뢰는 높지 않다. 정부가 2019년 말 이후 대규모 중기주택공급계획을 발표했지만 2021년 2월 쏟아져 나온 많은 조치로 인해 시장의 수급조절기능이 제대로 작동하지 않고 있다. 한국의 주택시장이 정상화되고 안정되기 위해서는 지역별 계층별 수요를 고려한 주택공급의 중장기계획을 확정하고 일관되게 추진하면서, 부동산 관련 세제와 대출제도를 간소화시키고 주택시장의 매매나 임대차를 지나치게 억압하는 가격 및 계약기간 규제, 세제 등은 단계적으로 철회하는 등, 시장의 움직임과 조화를 이루면서도 주택시장 전체에 변화를 줄 수 있는 실효성 있는 정책이 있어야 할 것이다.

2021. 3. 작성(2022. 4. 수정하여 실음)

15
공시가격은 왜 문제인가?

정준호

강원대학교 부동산학과 교수

문재인 정부에 들어 부동산 가격이 급등했다. 여러 가지 대책을 내세웠으나 큰 효과가 없자 정부는 2020년 7·10 대책을 통해 취득세, 양도소득세, 종합부동산세 등 전방위적으로 부동산 과세를 강화했다. 부동산 보유세에 대한 실효세율 강화를 위해 세율 인상에 더해 과표의 현실화, 즉 시가 대비 공시가격의 현실화율을 높이고자 했기 때문에 부동산 가격평가는 초미의 관심의 대상이 되었다. 정부는 2020년 공시가격 현실화 로드맵에서 시세 대비 공시가격 비율인 현실화 제고를 2023년까지는 주로 고가주택을 중심으로 추진하고 2030년까지 부동산 유형과 무관하게 90%로 조정하겠다고 밝힌 바 있다. 공시가격의 현실화율 제고는 종합부동산세와 재산세 등의 보유세뿐만 아니라 기초노령연금 등 63개의 조세 및 행정 분야와 연동되어 우리의 삶에 심대한 영향을 미친다. 이는 현실화율 제고가 조세 형평성을 높인다는 목적으로 추진되더라도 실제로는 국민이 증세로 인식할 가능성이 크다는 것을 함의한다.

2021년 4월 서울과 부산시장 재보선에서 부동산 정책이 주요한 이슈로 부각하고 공시가격 상승에 따른 세 부담도 초미의 관심사로 나타났다. 부동산 가격이 상승하면 과표인 공시가격이 상승하게 되고 이는 세 부담을 늘리게 된다. 이 과정에서 누군가는 공시가격의 오류 또는 부정확성을 거론하며 현실화율 제고 그 자체를 무력화하려고 시도하고 있다. 이 글은 공시가격의 오류 또는 부정확성을 바로잡는 것에 더해 누구나 수긍할 만한 현실화율 제고를 위해 공시가격이 시장가치를 제대로 반영하여 평가·산정하고, 여기에다 조세저항을 감안하고 정책목표를 반영함으로써 최종 과표산정의 가중치 또는 할인율인 과세가치 또는 정책가치를 차별적으로 적용하는 방안을 제안하고자 한다.

공시가격에서 가격의 의미

부동산가격공시제도는 중앙정부(국토교통부)와 지자체(시군구)가 부동산의 '적정가격' 형성을 도모하고 각종 조세 및 부담금의 부과기준 설정 등 여러 행정상의 목적으로 사용하기 위해 부동산의 '적정가격'을 공시하는 제도이다. 현행 '부동산공시법'에서는 매년 1월 1일 기준으로 전국 토지 및 주택가격을 공시하도록 규정하고 있다. 2016년 비주거용 부동산가격공시제도가 도입되었으나, 이는 지금까지 시행되지는 않고 있다.

부동산공시법 제2조에 따르면 토지와 주택 등 부동산 공시가격은 "통상적인 시장에서 정상적인 거래가 이루어질 경우 성립될 가능성이 가장 높다고 인정되는 가격"인 '적정가격'이다. '적정가격'은 시장가치로 수용되고 있다. 그런데 일반인들은 시장가치 = 실거래가로 받아들일 수 있지만, 시장가치는 실거래가와 같은 것이 아니다. 감정평가에서 가치는 값어치worth에 대한 '하나의' 견해이지만, 가격은 실제로 지불된 것으로 둘은 구분된다.

시장가치가 최유효가격best price을 의미하는 최고가highest price일 수도 있고 평균(중앙) 또는 최빈값, 아니면 기댓값 또는 범위(range) 등을 의미하는 거래가능가격most probable price일 수 있다. 토지수용처럼 비자발적인 거래를 수반하는 경우라면 최고가 개념이 정당할 수 있지만, 조세나 대출의 경우에는 거래가능가격이 받아들여진다.

현실에서 나타나는 사실상 최고가 개념의 실거래가와 거래가능가격인 적정 시세 간 가격 차이를 보자. 한국부동산원은 실거래가 기반의 '공동주택실거래가격지수'와 적정 시세 기반의 '전국주택가격동향조사'를 내놓고 있다. 후자는 표본 산정방식으로 조사원이 거래가능가격인 시세를 조사, 산정하여 산출한 가격지수이다. 그림 15-1에서 보듯이 아파트 대상의 적정 시세 기반 가격지수와 실거래가 기반 지수는 시장가격이 안정화될 때 두 지수 간의 차이가 거의 없다. 지역별로 보면 수도권이 비수도권 8개 시도보다 두 지수 간의 격차가 크다. 수도권을 서울과 경기로 좁혀 보면 서울에서 두 지수 간의 격차가 더 벌어지고 있다. 특히 서울은 두 지수 간의 격차가 주택가격이 급등했던 문재인 정부 시기에 들어오면서 더 커지고 있다. 이처럼 부

그림 15-1 적정 시세와 실거래가 기반 가격지수 비교: 아파트의 경우

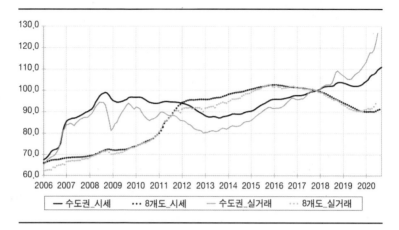

자료: 부동산원 부동산통계정보시스템(https://www.r-one.co.kr)에서 저자 재구성.

동산 시장의 가격 변동이 심한 경우에 적정가격을 거래가능가격으로 받아들이면 이를 조작적으로 정의하기가 쉽지 않다. 따라서 전문가에 의한 가치평가가 상당히 중요하다.

또한 적정 시세 기반 가격지수는 평탄화 효과로 상승과 하강 국면을 제대로 반영하고 있지 못하지만, 실거래가 기반 가격지수는 그렇지 않다. 특히 이는 서울에서 두드러진다. 가격이 하락하는 시기에 적정 시세 기반 가격지수가 실거래가 기반의 가격지수보다 더 높고, 그 반대의 경우에 이와는 상반된다. 특히 문재인 정부의 아파트가격 급등기에 두 지수 간 격차가 지수 작성 이래 최고 수준으로 벌어지고 있다.

국토해양부와 시민단체인 경실련 간에 주택가격 상승률에 대한 논쟁이 있었는데, 결론적으로 국토해양부는 적정 시세 기반 가격지

수를 보고 덜 가파른 가격 상승을 변호했지만, 시민단체인 경실련은 실거래가 기반 지수 입장에서 가파른 가격 상승을 이야기한 셈이다. 이처럼 실거래가는 시장 변동을 그대로 반영하고 있지만, 이는 법에 규정된 정상적인 시장거래조건들을 충족하지 못해 시장가치로 평가되지 못할 수도 있는 것이다. 이처럼 가격 변동이 특정 시기와 지역에 한정되어 나타나면 실거래가 등을 참조하여 거래가능가격으로 공시가격을 제대로 평가·산정하는 것이 쉽지 않다. 가령, 일괄적으로 적정 시세의 80% 내외로 평가·산정된 공시가격은 시장 변동이 심한 특정 시기와 지역의 부동산 가치 변동을 온전히 반영하지 못해 그 변동을 평탄화할 수도 있다. 따라서 시장 변동이 심한 시기에 실거래가 등을 참조하여 적정가격인 공시가격을 어떻게 조작적으로 정의하는가가 중요한 과제이며, 이를 공개적으로 추진하여 가격산정의 신뢰성을 높이는 것이 필요하다.

가치평가에서 시장가치를 아주 정확하게 반영하는 것은 사실상 불가능하다. 그렇다 하더라도 문재인 정부는 일반인이 고개를 끄덕일 정도의 조작적 정의를 제시한 적이 없다. 적정가격은 거래가능가격인 적정 시세로 보이지만 정부는 적정 시세 자체를 공개한 적이 없다. 거래가 발생하지 않으면 참고자료가 없어 적정 시세를 평가·산정하기가 쉽지 않다. 특히 고가의 단독 또는 공동주택처럼 거래가 활발하지 않은 경우 적정 시세가 낮게 평가되어 상대적으로 세 부담이 줄어든다. 여기서 제기되는 문제는 공시가격의 실거래가 대비 괴리가 지역별, 용도별, 가격대별로 일관성이 없다는 것이고, 이는 공시가격의 오류 또는 부정확성 문제와 연결된다는 것이다.

정부는 이제까지 현실화율 통계를 공식적으로 내놓지 않았으나, 문재인 정부 집권기에 몇 년간의 통계치를 제시한 바 있다. 이것이 평균치인지, 중위가격인지는 정확히 제시되지 않았다. 그리고 그것이 전체 부동산을 대상으로 한 것인지, 아니면 일종의 표본격인 표준부동산을 대상으로 한 것인지도 명확히 제시된 바는 없다. 부동산 공시가격의 현실화율은 2018~2020년 기간에 대략 50~60%대의 범위에 있다. 예를 들면, 단독주택의 공시가격은 거래가능가격 수준으로 평가하고 이에 80%의 공시비율—문재인 정부에 들어와 공시가격이 논쟁이 되면서 정부가 폐지되었다고 하는—을 곱해 표준주택가격을 산정하고 이를 기반으로 개별주택가격을 산정하기 때문에 현실화율이 80% 이상을 넘기가 힘들다. 다른 부동산 유형도 이와 유사한 관행을 따르고 있을 것으로 짐작된다. 이러한 방법에 따르면 거래가능가격이 적정시세의 80~90%라고 가정하고 공시비율을 적용하면 현실화율은 대략 64~72% 수준이다. 2018~2020년 기간에 단독주택을 제외한 현실화율 통계가 이 범위 내에 있는 것을 볼 때 이러한 관행이 계속되는 것으로 보인다.

정책 제언:
시장가치와 과세가치의 분리를 통한 현실화율 제고

문재인 정부 시기에 발표된 국토교통부의 공식적인 현실화율 통계는 부동산 공시가격이 적정 시세의 80% 수준보다 낮다는 것을 보여주고 있다. 이에 대해 정부는 시장가치대로 공시가격을 평가·산정하기 위한 객관적인 기준을 정하기보다는 가격대별 공시가격의 현실화율 미세조정으로 현실화율을 높이는 임시방편적인 조치로 대응했다. 즉 정부는 공시가격 도출과정의 객관적 기준 마련을 통해 공시가격의 현실화율을 높여 조세 형평성을 높이는 것이 아니라 가격대별로 현실화율을 차등화하고 미세조정했다. 문제는 부동산 유형별, 지역별, 가격대별로 가격평가가 균질하지 않다는 것이다. 상대적으로 누구는 세금을 덜 내고 누구는 더 내게 되므로 공정의 문제가 제기될 수 있다는 것이다.. 조세 제도 개편에서 과표 개선은 1차적으로 매우 중요한 인프라이다. 그러나 이는 대충 넘어가고 있다.

문재인 정부가 2023년까지 현실화율을 높이겠다는 대책은 핀셋 방식이다. 이는 주로 고가 부동산에 대한 선별적인 현실화율 제고를 겨냥하고 있다. 문재인 정부는 주택의 경우 시세 9억 원 기준으로 고가와 저가 주택으로 나누고 저가 주택에는 시세 변동을 반영하는 수준에서 공시가격을 산정하고, 현실화율이 상대적으로 그간 낮았던 고가주택에 대해서는 현실화율을 높여 중저가와 고가주택 간 현실화율 역전 현상을 해소하는 방식을 택했다. 이 경우 문제는 적정 시세의 기준이 무엇인지가 공개되지 않고 있어 현실화율 지표 관리에 적합한 실거래가 정보를 취사·선택할 유인이 클 수 있다는 것이다. 이러한 정부 대응은 공시가격이 시장가치를 제대로 반영하는 적정가격으로 평가·산정하라는 '부동산가격공시법'의 취지를 달성하지 못한 것으로 보인다.

전술한 바와 같이 부동산 가격평가가 균질적이지 않아 공시가격의 정확성이 문젯거리로 나타난 것이다. 부동산가격공시법의 취지에 따라 공시가격은 시장가치대로 평가·산정되는 것이 합리적이다. 그리고 공시가격이 적정가격으로 평가·산정해야 하므로 적정가격은 실거래가 기반의 거래가능가격으로 평가·산정하면 될 일이다. 이 경우에 공시가격 평가·산정에 사용하기 위한 실거래가 정보의 품질관리와 거래가능가격의 기준을 정부가 공개하는 것이 필요하다. 실거래 사례의 수·보정 작업을 추진하여 거래가능가격으로서 적정가격의 객관적 기준 또는 범위를 정하고 공개할 필요가 있다.

가격대별, 지역별, 유형별로 조세 형평성과 부합되는 현실화율 제고를 위해 사전·사후의 비율연구를 통해 그 결과를 지속적으로 평가·산정할 필요가 있다. 공시가격은 평가와 산정이라는 이원 체계로 운영되고 있으므로 수직적·수평적 형평성 여부를 판단하는 비율연구는 필요하다. 미국처럼 지역별로 사전·사후 비율연구의 공식적 결과를 공개해야 한다. 그래야만 현실화율 제고가 어떻게 이루어지고 있는지를 모니터링하고 판단할 수 있다.

이제까지 현실화 수준을 낮게 유지한 것은 공시가격의 급등으로 인한 조세부담을 완화하고 조세저항을 무마하기 위해 공시가격 자체를 조정하여 시장가치대로 평가하지 않았다. 이는 일종의 행정편의주의로 볼 수가 있을 것이다. 공시가격이 시장가치대로 추정되어야 법의 취지대로 시장거래의 지표 기능을 수행할 수 있는 정보가치를 가진다. 또한 공시가격은 과세, 행정상의 업무와 연관된 정치적 부담과 민원에서 벗어날 수 있다.

가치평가는 다양한 사용 목적에 따라 상이할 수 있다. 이에 따른 감정가격은 다양하다는 것이다. 그런데 공시가격 제도의 도입으로 일원화된 가치평가 체계가 이루어졌다. 조세, 대출, 보상, 재산분할, 행정(예: 복지) 등 63개의 영역에서 단일 가치평가인 공시가격이 활용되고 있다. 다양한 사용 목적에 따라 가치평가가 상이하다는 것을 수용하고 평가체계의 일관성을 여전히 유지해야 한다면 시장가치 수준의 공시가격을 행정상의 사용 목적에 따라 조정하는 것이 합리적일 것이다. 공시가격이 정부의 의지를 반영하는 임의적인 정책가격으로 전락하여 과세 평가의 균일성이 저해되고 있으며, 이는 조세 부담이 고르지 않은 불형평성을 초래하고 있다. 또한 무조건적인 공시가격의 활용으로 가치평가의 다원성이 무너지고 있다. 이를 해소하기 위해 국토교통부와 지자체는 시장가치대로 공시가격을 평가·산정·공시하고 국세청이나 각 부처는 정책목표에 따라 상이한 가중치 또는 할인율(예: 공정시장가액비율)을 적용할 필요가 있다. 예를 들면, 과세 또는 정책가치는 조세 형평성 기준 또는 정책상의 목표를 반영하여 시장가치에 일정한 현실화율을 적용하는 것이 바람직할 것이다. 주택가격이 급등한 문재인 정부 시기 현실화율 제고로 과표가 상승하면서 기존 기초생활보장 수급자가 탈락하는 사례가 발생하면서 현실화율 제고에 대한 역풍이 있었던 것이 사실이다. 이 경우 공정시장가액비율과 유사한 가중치 또는 할인율(정책가치)를 복지부가 정하고 이를 공시가격에 곱해서 과표 수준을 달리 적용할 수 있다.

요약하면, 조세저항, 행정상의 목적, 가치평가의 다원성 등을 고려하여 시장가치와 과세가치를 분리하는 것이다. 즉 공시가격은 시장가치대로 평가하고, 조세저항에 대해서는 과세표준을 낮게 산정할 수 있는 장치인 공정시장가액비율 또는 정책목표별 가중치 또는 할인율을 활용하면 되는 것이다. 이러면 굳이 행정 편의적으로 복잡하게 공시가격이 정책가격으로 전락하는 것을 막고, 공시가격이 법의 취지대로 시장거래의 지표 및 과표산정의 객관적인 기능을 수행할 수 있을 것으로 보인다.

2021.5. 작성(2022.4. 수정하여 실음)

16

주거체제 전환을 위한 부동산 정책의 방향

이상영

명지대학교 부동산학과 교수

20여 차례의 부동산 대책이 있었음에도 문재인 정부의 부동산 정책은 실패한 것으로 평가받고 있다. 이 기간 부동산 대책은 부동산가격 안정을 목표로 추진되었고, 중장기적인 과제인 주거안정, 주거복지 등과 관련한 정책은 주목받지 못했다. 부동산 정책이 가격안정과 투기억제 위주로 이루어져, 전체 부동산 정책을 관통하는 정부의 목표가 무엇이었는지가 불명확했다.

이러한 정책들이 지향했던 바를 좀 더 장기적이고 구조적인 측면에서 평가할 필요가 있다. 이를 통해 문재인 정부 부동산 정책의 의미와 문제점을 알 수 있고, 새 정부의 부동산 정책이 지향해야 하는 방향이 무엇인지에 대해서도 시사점을 받을 수 있다.

새로운 체제로 전환 중인 한국의 주거체제

한국의 주거체제는 동아시아 국가에서 일반적으로 나타나는 생산주의productivist 주거체제가 그 출발점이다. 생산주의 주거체제는 주택의 공급을 국가가 주도하는 것이 특징이며, 일본·한국·대만·홍콩·싱가포르 등이 대표적이었다. 2000년대 이후에는 이들 국가도 새로운 주거체제로 발전했기 때문에 현 시점에서는 동일한 주거체제로 묶을 수 없다.

일본은 생산주의 주거체제 유형 중 상대적으로 사회적 권리 제약이 적고, 국가가 시장과 가족을 보조하는 유형이었다. 제2차 세계대전 이후 수백만 채의 주택이 파괴된 상태에서 주택정책을 시작했는데, 주택공급을 위한 공기업(현재 UR)을 설립하고, 주택의 대량생산체제를 조기에 구축했다. 주택금융 역시 공기업인 주택금융공고(현재 주택금융지원기구)를 통해 국가가 제공했다. 이러한 주거체제하에서 1968년에 주택보급률 100%를 달성했고, 1966년부터 40년간 주택건설 5개년 계획에 따라 5,600만 호 이상의 주택을 공급했다.

그런데 1990년대 후반부터는 아시아금융위기로 국가재정위기가 심각해졌고, 국가주도의 주택공급 방식을 유지하기 어려워졌다. 결국 2000년대 초에는 국가의 주택공급목표치 달성이 어렵게 되면서, 주택건설 5개년계획을 포기하기에 이르렀다. 이후 일본은 주택의 품질 개선을 목표로 하는 부동산 정책[주住생활계획으로 대체]으로 방향을 선회했고, 주택금융도 미국식 장기모기지체계로 전환했다. 공공임대공급과 운영은 지자체가 담당하고, 중앙정부의 공공임대를 공급하던 UR은 민간분문과 경쟁하면서 공공부문에서 철수했다. 이에 따라 일본의 생산주의 주거체제는 2000년대에 들어서면서 자유주의 주거체제로 완전히 전환되었다. 즉, 국가가 주택 대출 및 세제혜택을 통해 주택소유율 제고에 주력하면서 최하위소득계층에게 한정하여 주거안전망을 제공하는 방식으로 정책방향을 수정한 것이다.

생산주의 주거체제 중 국가의 역할이 지속적으로 강화되어 온 예로는 싱가포르를 들 수 있다. 싱가포르는 전체 택지의 90%를 국유화하고, 국민연금을 동원하여 주택건설자금과 대출을 제공하는 방식으로 주거체제를 특화했다. 이에 따라 싱가포르 국민은 국가가 제공하는 주택을 분양받아 거주하면서 주택가격 상승에 따른 자본이득을 누릴 수 있게 되었다.

현재 나머지 동아시아 생산주의 주거체제 국가들은 일본과 싱가포르의 중간 정도의 스펙트럼을 가지고 있다. 한국은 2000년대에 들어서면서 비교적 빠르게 주거체제가 전환되면서 생산주의 주거체제에서 자유주의 주거체제(미국, 영국, 일본)로 전환되었다. 그리고 2010년대에 들어서면서는 자유주의 주거체제에서 보수주의 주거체제(프랑스, 독일 등) 요소들이 정책에 반영되기 시작했다.

보수주의 주거체제는 자유주의 주거체제보다는 좀 더 넓은 주거복지안전망을 제공하고, 민간임대의 경우에도 국가가 적극적으로 임차인을 보호하는 제도를 마련하고 있다. 보수주의 주거체제에서 가장 중요한 지표 중 하나는 공공임대주택 재고 비율인데, 한국은 2020년에 주택재고의 8% 수준을 확보했고 2024년에는 10%를 목표로 하고 있다. 이미 자유주의 주거체제 국가의 3~5% 재고비율을 넘어섰고, 보수주의 주거체제 국가의 10% 수준도 곧 도달할 것으로 보인다. 저소득층의 임대료를 보조하는 주거급여 대상 가구도 2021년 128만 가구에 달하고 있다.

2020년의 경우 생산주의 주거체제에서는 보기 힘든 계약갱신청구권과 임대료상한제와 같은 민간임대시장에서의 규제를 강화하면서 장기임대를 유도하면서, 임대료 인상을 제한하는 제도가 시행되었다. 다만 이 제도들은 1회의 계약갱신권한 부여, 집주인거부권의 인정, 전국 동일의 임대료상한제 적용과 같이 제대로 작동이 되기는 어려운 제도로 입법되었다. 결과적으로 입법 이후 임대료 폭등과 주거불안을 초래하면서 제도 개선이 불가피하게 되었다.

주거체제와는 무관한 부동산 정책의 혼선

새로운 주거체제에 부응하는 부동산 정책을 발표했음에도, 기존 생산주의 주거체제에서 유래된 국가주도의 주택 대량생산체계에는 큰 변화가 없었다. 택지개발촉진법, 주택건설촉진법(주택법으로 개정), 도시개발법, 공공주택특별법 등 토지와 주택을 국가가 주도적으로 동원하기 위한 법제도가 여전히 작동하고 있다. 이러한 주거체제가 갖는 문제점이 LH 사태나 도시개발법을 적용한 개발사업에서 여실히 드러났음에도 3기 신도시나 2·4 대책에서 공공주도 주택공급체계는 지속되고 있다.

생산주의 주거체제는 지난 수십 년간 아파트단지 위주의 대규모 주택공급에 효과적으로 작동하면서 상대적으로 국가의 재정적 부담은 최소화되었다. 민간의 토지, 자금, 수요를 총동원하는 체제에서 국가는 자유주의, 보수주의, 심지어 사회민주주의 주거체제로 전환하는 물적 자원을 확보한 것이다.

지난 수십 년간 180조 원이 넘는 주택도시기금이 조성되어 택지개발과 저렴한 주택 대출에 활용되었다. 수용된 토지에 건설되는 주택 선분양 위험을 감소시키기 위해 공기업이 보증하는 방식으로 주택건설단계부터 저리의 자금을 조달했다. 주택공급을 위한 국가사업으로 형성된 자금과 이윤은 공공임대 공급의 재원이 되었고, 주거복지문제 해결에 결정적인 도움을 주었다. 한국의 정부예산 중 주거복지예산은 주거급여 이외에는 주택도시기금과 공기업 수익에 의존하고 있다.

한국의 부동산세제는 투기억제와 불로소득 환수를 목표로 고세율의 누진과세 체계로 되어 있다. 특히 다주택자를 억제하기 위해 징벌적 조세체계를 당연시 하는 분위기이다. 이로 인해 종합부동산세, 재산세, 취득세, 양도소득세 등 보유와 거래 단계 모두에서 세부담이 강화되어 왔다. 선진국의 보유세가 원칙적으로 지방재정수요를 충족시키기 위해서 이루어지는 것과 다르게 한국은 불로소득환수를 위해 활용되고 있다. 이에 따라 미국 등 선진국에서 일반적인 주택 대출이자와 재산세에 대한 감면 조치가 미약하거나 존재하지 않는다. 즉 조세지출제도는 부분적으로만 시행되는 반면 막대한 부동산 초과세수가 국가예산으로 활용되고 있다.

결국 국가주도에 의한 주택의 대량생산체계를 통해 주거복지에 필요한 국가재정 부담을 최소하면서 자유주의 주거체제 내지는 보수주의 주거체제에 도달하는 비용을 충당해 온 것이다. 그렇기 때문에 생산주의 주거체제를 새로운 주거체제로 완전히 전환하는 것이 매우 어려운 정책적 선택이 되고 있다.

그럼에도 새로운 수단과 방법을 고안하지 않는다면 결국은 국가 주도 대량생산방식의 폐해는 그대로 둔 채 부동산 정책은 시행착오를 되풀이할 가능성이 높다. 따라서 생산주의 주거체제의 잔재를 버리고 새로운 주거체제로 전환하기 위한 장기적인 패러다임 전환을 고민해야 하는 상황인 것이다.

새로운 주거체제를 지향하는 부동산 정책

주거체제는 정부의 정책만으로 달성되는 것도 아니고, 일종의 사회적 합의를 이루기 위한 긴 기간의 노력으로 형성되는 것이다. 북유럽 사회민주주의는 현재와 같은 복지와 주거체제에 도달하기까지는 100년 이상의 지난한 과정을 거쳤다. 따라서 기존의 부동산 정책과는 다른 새로운 패러다임하에서 그 방향을 정하고 일관되게 추진하는 것이 필요하다.

과거처럼 부동산 정책이 가격안정이라든지 경기변동에 민감하게 되면 새로운 주거체제를 위한 정책을 추진해 가기는 어렵다. 만약 새 정부가 과거 정부의 부동산 정책 실패를 치유하는 수준에서 정책을 구사한다면 새로운 단계의 주거체제를 구축하기는 어려울 것이다.

이렇게 하려면 적어도 생산주의 주거체제에서 유래한 주택공급의 대량생산체제의 요소들을 어떻게 변화시킬 것인지를 고민해야 한다.

우선, 국가가 민간자원을 동원하는 현재의 주택공급체계에서 민간의 자율성에 기초한 민·관 합동의 주택공급체계로 전환해야 한다. 즉 주택공급을 획일적인 대량생산체제에서 다품종 소량생산체제로 전환해야 한다. 이를 위해서는 공공이 민간의 토지를 강제 수용하는 방식에 대해서는 매우 신중한 접근이 필요하며, 대규모 신도시개발도 더는 추가하지 않는 것이 바람직하다.

둘째, 공공임대주택의 공급은 장기적으로 저소득층의 주거안정을 기할 수 있는 방식으로 이루어져야 한다. 10년 분양전환 공공임대의 유형보다는 영구적으로 공공임대로 운영되는 유형에 집중해야 한다. 주거급여의 경우는 임대료보조가 실질적으로 주거비부담을 덜수 있도록 지원수준을 제고할 필요가 있다.

셋째 현재의 주택임대차 3법보다는 민간등록 임대주택을 늘려서 사업자를 관리하는 것이 더 효율적이다. 미등록 임대인들을 관리하는 주택임대차 3법의 경우는 강제 분쟁조정장치를 마련하고, 임대료 상한제는 그 대상을 명확히 한정해서 효과적으로 관리하는 것이 바람직하다.

넷째, 공공과 민간으로 구분하는 이분법적인 임대시장 정책만으로 임대차 안정을 기하기 어렵다. 이를 해결하기 위해 제3섹터 방식으로 저렴한 임대주택을 공급할 필요가 있다. 선진 주거체제의 사회주택social housing의 경우 운영주체가 주택조합과 같이 제3의 운영기관들이다. 이들은 이윤보다는 주거안정에 중점을 두는 사회적 임대인으로 저렴한 주거를 제공할 수 있다. 현재 한국에서는 그 규모가 미미하지만, 새로운 주거체제를 지향할 경우 중요한 민간임대인으로 육성할 필요가 있다.

다섯째, 중앙정부에 의존하는 주택정책보다는 지자체와 민간이 협력하는 방식으로 지역에 적합한 주택정책을 펼쳐야 한다. 핀셋 규제와 풍선효과와 같은 문제점이 발생하는 것도 중앙정부가 주도하는 주택규제에서 발생하는 것이다. 또한 전국을 대상으로 하는 부동산 정책은 수도권과 지방에 상이하게 작동하면서 지역개발이나 지역경기에 큰 영향을 주고 있다. 특히 지방에 악영향을 주는 경우가 많은데, 다주택규제는 지방부동산시장의 수요를 줄이고, 공급 중심 부동산 정책은 지방의 주택 초과공급을 초래한다. 따라서 생산주의 주거체제에서 새로운 주거체제로 전환하기 위해서는 중앙에 의한 대량주택공급체제를 해체하고 지역에 맞는 자율적인 주택정책을 전개하는 데서 출발해야 한다.

2022. 3. 작성

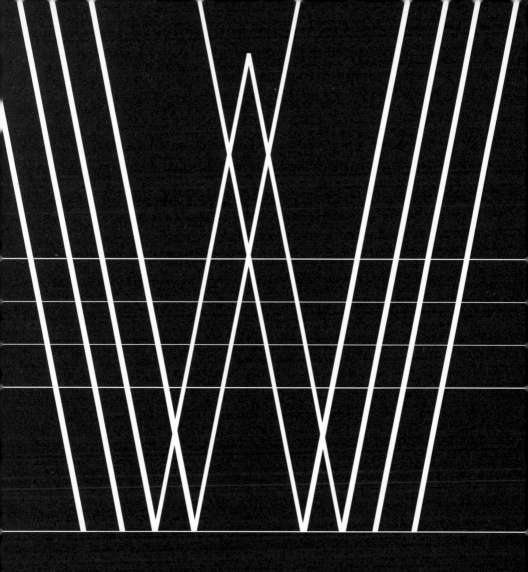

4부

포스트 코로나

: 절실한 공정과 포용

17
누구의, 무엇을 위한 공정성인가?

류동민

충남대학교 경제학과 교수

이른바 '촛불 혁명'의 여운이 채 가시기도 전에, 토마 피케티가 『자본과 이데올로기』에서 제시한 '상인 우파'와 '브라만 좌파'의 적대적 공존, 그에 따른 불평등 심화와 민주주의의 쇠퇴는 한국사회의 현실로 자리 잡고 있다. 최근 지속된 부동산 가격 폭등은 중간층과 상위층 사이의 자산 격차를 확대했고 세대 간 부의 이전문제와 연결되면서 연전의 유행어인 'n포 세대'의 절망을 다시금 불러냈다. 압축성장의 집단적 기억을 간직한 한국사회에서 공정성의 문제는 필연적으로 능력주의의 문제와 연결된다. 그러나 능력주의 자체에 의문을 나타내는 공적 담론이 생겨남에도, 현실에서는 공직후보자 자격시험 같은 속류 능력주의적 사고가 특히 젊은 세대에게는 뜻밖의 소구력을 발휘하는 듯이 보인다.

대학입시 전형방식을 둘러싼 논쟁

한국사회에서 능력주의, 공정성, 세대 간 경쟁 등의 키워드가 가장 잘 적용될 수 있는 영역은 대학입시일 것이다. 한국인들의 대학입시에 관한 일종의 이데아는 ① 모든 학생이 똑같은 조건에서 출발하여, ② 정답이 명확한 시험을 치르고 그 결과에 정확하게 비례하여 ③ '좋은' 대학에 진학하는 것이다. ③은 지향해야 할 목표, ②는 목표달성 과정에서 지켜져야 할 절차적 공정성, 그리고 ①은 게임을 설계할 때 지켜져야 할 구조적 공정성의 문제이다.

③의 목표를 개인적 차원(입신양명)이 아니라 사회적 차원(글자 그대로 좋은 교육)으로 바꾸고자 하는 이들은 ②가 철저하게 지켜지는 것은 오히려 ③을 실체적으로 저해한다는 것을 강조한다. 수능 성적을 느슨한 등급으로만 구분하자거나 아예 자격고사 정도로만 바꾸자는 주장은 ②를 공격하고 있다. 문제는 ①이 제대로 갖추어지지 않은 상태에서 ②를 무력화하면 공정성 문제가 더욱 심각해질 수 있다는 것이다. 구조적으로 연결되어 있는 조건들 중에서 어느 한두 가지를 개선한다고 해서 전체적인 상황이 개선되는 것은 아니기 때문이다. 1년에 한 번 전국 단위로 치르는 시험의 성적에 가족의 사회경제적 자원이 영향을 미칠 가능성은 매우 크다. 요컨대 ①이 충족되지 않는다는 것이다. 그러나 그렇다고 해서 수험생 본인의 업적에 일상적으로 타인이 개입할 가능성을 허용하는[1] 수시 전형이 우월하다고 볼 근거도

---

1   이른바 명문 대학에 지원하려는 학생들일수록 자기소개서나 생활기록부 활동

없다. 더구나 ①이 해결되지 않을 바에야 차라리 ②에서 ③(물론 개인적 차원에서 정의된다)으로 가는 데 드는 사회적 비용을 최소화하는 것이 낫다는 현실주의에 비해서도 오히려 대중적 설득력은 떨어진다. 사실 핵심적인 문제는 대학입시가 가족 단위의 생존경쟁으로 확장된 현실 속에서도 역설적으로 가족의 능력을 차단하고 수험생 본인의 능력만 투명하게 반영하는 것이 바람직한 게임이라는 집단적 환상이 유지된다는 데에 있기 때문이다.

공정성 논의와 세대 담론

이제 대학입시를 벗어나 일반적인 공정성 논의로 넘어와 보자.

한편에는, 세대 담론은 계급이나 계층 문제의 다른 표현에 지나지 않거나 적어도 그것을 지워버리는 위험한 것이라는 주장이 있다. 그 반대편에는 청년세대의 능력주의 지향이 기존 거대담론 중심의 공정성 제고 정책의 실패로 말미암은 반작용이라 주장하는 논의가 있다. 진보연하는 기성세대로서는 딱히 반대할 이유를 찾기 어려워 보이는 적극적 우대조치들에 대한 젊은 세대들의 격렬한 반감은 바로 이 지점에서 등장한다. 이른바 인국공 사태나 2018년 평창올림픽 남북한 단일팀 구성 논란 등이 그 대표적 예이다. 앞에서의 논의에 따르자면, ①이 보장되지 않는 상태에서 ②와 ③의 연결고리가 끊어지는 것에

내역 등을 과장하거나 심지어는 맞춤형으로 대필해 주는 경우가 있다는 것은 공공연한 업계의 비밀이다. 심각한 부정행위가 아닌 경우에도 예컨대 부모가 지닌 문화자본의 격차를 통제할 방법은 사실상 없는 셈이다.

대한 반발이 '자격을 증명하기 위한 절차'[2]에 대한 요구로 나타난 것이다. 필자는 최근 공정성 문제와 관련하여 대학생 그룹을 대상으로 인터뷰를 진행한 바 있다.[3] 놀랍게도 응답자들은 양성평등채용이나 지역할당제, 기본소득 등에 대해 본인이 그 잠재적 수혜대상인 경우에조차 지극히 부정적 태도를 나타냈다. 이러한 간극의 존재를 제대로 이해하지 못할 때, 더구나 정파적 입장이 개입할 때, 공정성 논의는 핵심을 찌르지 못하고 겉돌 수밖에 없다.

우리가 보지 못한 것?

프로젝트 alookso는 '학창시절 공부방이 있었는가'라는 간단한 질문에 따라 청년의 계층을 구분하는 것에서 출발하는 '공부방 계급론'을 제시하였다.[4] 이 조사결과 중 하나에 따르면, 하층 청년의 대학진학률은 절반을 약간 넘는 수준으로 평균에 비해 크게 떨어진다. 더구나 이른바 '인서울' 대학진학률은 상층 청년의 절반에도 미치지 못한다. 상층 청년의 절반가량이 최소한 4년제 지방국립대에 진학한 것과는 극명한 대조를 이루는 것이다. 이 결과는 공정성 논란에서 우리가 흔히 보지 못하는 것, 도대체 공정성은 누구의, 무엇을 위한 공정

---

2   박민영, 『20대 남자, 그들이 몰려온다』(아마존북스, 2021), 186쪽.

3   이 인터뷰는 인천대 경제학과 이명헌 교수와 공동으로 수행 중인 KDI 연구용역의 일환으로 진행되었다. 자세한 내용은 한국개발연구원 고영선·조병구 외, 『2022 국가의제와 미래전략』(경제·인문사회연구회, 2022) 제3장을 참조하라.

4   프로젝트 alookso, "계급이 돌아왔다 ─ 이대남 현상이라는 착시"(2021), https://alook.so/posts/XBteeJ(검색일 2022년 4월 20일).

성이어야 할 것인지를 생각해 보도록 만든다.

실제로 공정성 문제로 제기된 사회적 이슈들은 넓게 잡아도 상위 10%의 관심사에 해당하는 것이다.[5] 대학입시에서 정시/수시 논쟁은 현실적으로는 이들 계층 밖에서는 큰 의미가 없다. 국립대 통합네트워크 구상이 사회적으로 큰 반향을 불러일으키지 못하는 까닭 중 하나도 노골적으로 말하자면 상위 10~20%의 문제이기 때문이다.[6] 인국공 사태에 가장 민감하게 반응할 계층은 적어도 그 정도의 공공기관이나 기업에 정규직 입사를 꿈꿀 수 있는 학력(혹은 학벌)을 갖춘 계층, 거칠게 말하자면 대학졸업자 중에서 상위 10% 미만일 것이다. 참고로 한국사회에서 공정성 논란을 촉발했던, 그리고 다시 소환되고 있는 의과대학 입학의 공정성은 상위 1% 미만의 문제이다.

기본 역량의 확대

실제로 2020년 기준 대학진학률은 70%를 약간 상회하는 수준인데, 이는 뒤집어 말하면 30% 정도가 대학에 진학하지 않는다는 뜻이다.

---

5 공교롭게도 '인서울대학'의 정원은 전체 수능응시자의 10% 정도인데, 그중에서도 이른바 상위 10여 개 종합대학의 정원은 6~7%가량에 지나지 않는다.

6 마이클 센델이나 토마 피케티가 주장하는 추첨입학제는 자격고사를 통과한 수험생 중에서 추첨을 통해 대학에 입학하도록 하자는 제도이다. 만약 '인서울대학'의 정원이 전체 수험생의 5%라면, 예컨대 수능성적이 상위 20% 정도인 학생들에게 지원자격을 주고 합격 여부는 추첨으로 결정하는 셈이다. 이것은 국립대 네트워크처럼 일정한 범위 안에서 경쟁을 완화하고 학벌 취득으로 인한 렌트의 크기를 감소시키는 효과가 있을 것이다. 그렇지만 이 글에서 강조하는 하위 50% 이하의 계층은 여전히 소외된다는 문제가 남는다.

정치적으로 과소대표되는 이들 계층이 겪는 공정성 문제는 사회적 이슈 거리도 되지 못하는 경우가 대부분일 것이다. 상위 10% 안에서의 공정성이 개선된다고 해서 하위 90%의 공정성, 나아가 사회 전체의 공정성이 개선된다는 보장은 없다. 상위 1%(혹은 10%)의 공정성 문제와 하위 50%(혹은 하위 10%)의 공정성 문제가 따로 있는 셈이라면, 우리가 주목해야 할 것은 전자보다는 후자여야 한다. 절차적 공정성에 맞서 구조적 공정성을 강조하는 것이 허망한 공론, 혹은 '의식 없는 청년세대' 담론으로 왜소화하지 않기 위해서는 더더욱 그러하다.

선거 국면에서 잠시 등장했다 사라진 정책제안들, 이를테면 대학에 진학하지 않은 청년들에게, 적어도 대학재학생이 받는 만큼의 재정지원을 통해 평생교육이나 연수 등의 기회를 제공하는 것은 적극적으로 추진되어야 할 사회적 책무이다. 역량을 개인의 타고난 속성, 즉 능숙함competence이라는 개념이 아니라, 아마티아 센A. K. Sen이 강조한바 한 개인이 달성할 수 있는 기능들을 선택할 수 있는 자유라는 의미로 이해한다면, 공정성 논의에서 소외되고 있는 이들의 역량을 끌어올리는 것이야말로 우리의 출발점이 되어야 하지 않을까?

2022. 4. 작성

18

전 국민 고용보험인가 기본소득인가

강남훈
한신대학교 경제학과 교수

잘못된 프레임

"우리에게 24조 원의 예산이 있다고 가정해 봅니다. 한국의 성인인
구는 약 4,000만 명입니다. 그리고 최근 연간 실직자는 약 200만 명
입니다. '전 국민 기본소득'의 경우, 24조 원으로 실직자와 대기업 정
규직에게 똑같이 월 5만 원씩 지급합니다. 1년 기준 60만 원을 지급
할 수 있습니다. '전 국민 고용보험'의 경우, 24조 원으로 실직자에게
월 100만 원씩 지급합니다. 1년 기준 1,200만 원을 지급할 수 있습니
다. 무엇이 더 정의로운 일일까요?"

최근 전 국민 고용보험과 기본소득을 대립시키는 프레임이 유행
하고 있다. 그러나 두 제도는 목적과 대상이 뚜렷이 구별되는 제도이

다. 전 국민 고용보험은 취업했다가 실직한 사람들에게 한시적으로 비교적 많은 금액을 지급하는 제도이고, 기본소득은 모든 사람에게 지속적으로 최소한의 금액을 지급하는 제도이다. 가장 중요한 차이는 재원이다. 전자는 가입자가 납부한 보험료이고, 후자는 전 국민이 납부한 조세이다.

두 제도는 서로 보완적이다. 가난한 사람이 돈을 많이 받는 것을 정의롭다고 한다면, 고용보험에 가입해서 실업급여만 받는 것보다 기본소득을 함께 받는 것이 훨씬 더 정의로울 것이다. 누군가가 "사과와 토마토 중 어떤 것이 더 몸에 좋을까요?"라고 질문할 때, 양식 있는 과학자라면 "두 종류 다 드세요"라고 대답할 것이다.[1]

그러나 예산이 제약되어 있어서 사과와 토마토 중 하나밖에 살 수 없다면? 보험료가 아니나 조세로 마련한 예산이 24조 원 있다고 할 때, 전 국민 5,000만 명에게 5만 원씩 주는 것보다 실업자 200만 명에게 100만 원씩 주는 것이 더 정의롭지 않을까?

---

1 양재진, 이상이 교수의 '복지국가 대 기본소득' 프레임도 '과일 대 사과'처럼 잘못된 프레임이다(《프레시안》, "불붙은 기본소득 논쟁" 세션 https://www. pressian.com/pages/serials/11901002000000000004 참고). 기본소득은 복지국가를 구성하는 한 요소이다. 복지국가는 사회보험, 공공부조, 사회수당, 사회서비스 등의 요소로 구성되어 있다. 고용보험은 사회보험에 속하고, 실업부조나 기초생활보장제도는 공공부조에 속한다. 기본소득은 공유부 배당으로서 굳이 분류하자면 사회수당에 속한다고 할 수 있다. 기본소득은 고용보험 제도와 보완관계에 있고, 실업부조나 기초생활보장제도 등 선별 소득보장 제도와 일부 대체관계에 있다.

2018년 한국의 총소득 분포

다음 자료(표 18-1)는 국세청이 유승희 전 국회의원에게 제출한 것으로서, 2018년 통합소득자(연말정산 신고자 + 종합소득 신고자) 2,325만 명과 순수 일용직 소득자 454만 명을 합친 2,779만 명의 개인 총소득을 한 줄로 나열했을 때 분위별 소득이다.

2018년 최고 분위의 소득은 14억 7,132만 원이었다. 99% 분위의 소득이 1억 5,404만 원과 비교해 보면 10배 가까이 차이가 난다. 이 표에는 표시하지 않았지만 0.1% 단위로 나누어보면, 99.9% 분위의 소득은 4억 9,664만 원이었다. 99% 대 100%의 차이가 크고, 그 중에서 99.9% 대 100%의 차이가 두드러진다. 잘 안 믿어지겠지만, 50% 분위의 소득은 겨우 2,065만 원이었다. 소득자들 사이에 시장소득의 지니계수는 0.5515였다.

표 18-1 2018년 개인 총소득의 분포(단위: 만 명, 100만 원)

백분위	인원	시장소득	백분위	인원	시장소득
0%	27.8	0.00	35%	27.8	12.45
1%	27.8	0.31	…		
2%	27.8	0.43	50%	27.8	20.65
…			…		
23%	27.8	5.75	90%	27.8	69.86
24%	27.8	6.67	…		
…			99%	27.8	154.04
34%	27.8	11.37	100%	27.8	1,471.32

소득 역전과 소득 격차 불비례적 축소

개인 소득의 분포가 위와 같은 나라에서 24조 원을 가지고 실업자에게 실업부조로 매월 100만 원씩 1년에 1,200만 원을 주면 어떻게 될까? 표 18-1에 따르면 34% 분위의 연 소득이 1,137만 원이고 35% 분위의 연 소득이 1,245만 원이므로, 실업자의 가처분소득(시장소득 + 보조금 - 세금)이 34% 분위까지의 소득자 약 971만 명의 가처분소득보다 많아진다. 일을 안 한 사람의 가처분소득을 일을 한 사람 971만 명의 가처분소득보다 많아지게 만드는 제도는 결코 정의롭다고 할 수 없다.

35% 분위의 소득자 편에서 보면 연간 1,200만 원의 실업부조를 통해 소득이 역전되지는 않지만 격차가 너무 축소된다. 실업부조 이전에는 실업자와의 격차가 1,245만 원이었는데 실업부조가 도입되고 난 뒤에는 45만 원으로 축소되었다. 너무 과도한 격차의 축소이다. 아마도 35% 분위 소득자는 1,235만 원을 벌기 위해 1년에 6개월은 땀을 흘렸을 것이다. 출퇴근 차비와 식사비만 하더라도 45만 원 이상 들었을 것이다. 노동할 의욕을 상실할지 모른다. 이와 같이 시장소득의 격차를 불비례적으로 축소시키는 제도는 결코 바람직한 제도라고 할 수 없다.

복지함정과 사중 손실

소득자들은 이와 같이 불합리한 제도에 대하여 정치적으로 저항할 것이다. 소득 역전자나 소득 격차 축소자들이 이런 정책을 지지하기 힘들 것이다. 그런데 사람들의 저항은 정치적 저항에 그치지 않는다. 자신의 경제적 활동을 복지제도에 맞추어 변화시킨다.

소득 역전자들은 소득활동을 중단하면 연간 1,200만 원의 실업부조를 받을 수 있으므로 소득활동을 중단할 것이다. 소득 역전자만 소득 활동을 중단한다고 가정하더라도 약 1,000만 명의 사람들이 복지함정으로 들어가게 되는 것이다. 복지제도 설계자의 관점에서 보면 도덕적 해이이고 경제적 저항이다. 그러나 소득 역전자들의 관점에서 보면 합리적인 선택이다.

복지 함정은 그림 18-1에서 분명하게 드러난다. 그림에서 가로축은 시장소득을 나타내고 세로축은 가처분소득(시장소득 + 보조금 - 기여금)을 나타낸다. 아무런 복지제도가 없었다면 가처분소득 = 시장소득

그림 18-1 선별소득보장의 복지함정

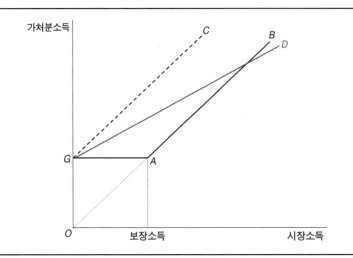

이므로 둘 사이의 관계는 원점을 지나는 45도 직선 OAB가 되었을 것이다. 정부가 실업자에게 보장소득을 지급하기로 하면 직선 GAB로 된다. GA 구간의 시장소득 OA는 사라지게 된다. 평탄한 GA 구간이 바로 복지함정이다.

기본소득의 경우에는 평탄한 구간이 존재하지 않는다. 만약 외부의 재원에 의해서 1인당 OG만큼의 기본소득이 지급된다면 점선 GC와 같은 모습이 된다. 기본소득이 내부적으로 비례세에 의해서 충당된다면 직선 GD가 된다. 직선 GD의 관계하에서는 시장소득이 늘어날수록 가처분소득도 늘어나게 된다.

1,200만 원의 실업부조에 의해서 34% 분위까지의 소득자들이 소득활동을 중단하면 국민소득 46조 원이 사라지게 된다. 이것은 실업부조 제도에 따른 사중손실deadweight loss이다. 이와 같이 경제적 비용을 계산할 때에는 실제로 지급되는 비용뿐만 아니라 사람들의 소득활동 중단으로 인한 사중손실까지 고려해야 한다. 기본소득은 사중손실이 발생하지 않는 소득보장 정책이다.

선별소득보장과 기본소득의 비교

여기서는 표 18-1에 나온 2,780만 명의 사람으로 구성된 가상적인 경제를 대상으로 해서, 실업자에게 연간 600만 원(1개월당 50만 원)의 실업부조를 지급하는 정책과 동일한 금액을 기본소득으로 지급하는 정책을 비교해 보려 한다. 연간 600만 원은 현행 기초생활보장제도에서 1인 가구 생계급여 기준소득 52만 원과 유사한 금액이고, 중위소득 2,000만 원의 30% 수준이다. 예산중립적인 정책 비교를 위하여 정책에 필요한 예산은 모든 소득자에게 비례세로 걷어서 충당한다고 가정한다.

표 18-2는 선별소득보장의 효과를 나타낸다. 실업자에게만 600만 원이 지급되므로 23%까지의 사람들은 복지함정에 빠진다. 이 사람들이 버는 소득은 0원으로 변한다. 시장소득2가 이것을 나타낸다. 보조금의 총액은 38.4조 원이 된다. 기여금(조세)는 24% 분위부터 소득에 비례해서 납부하게 된다. 기여금의 총액도 동일하게 38.4조 원이다. 순부담은 기여금에서 보조금을 뺀 값이다. 순부담이 음수이면 순수혜자가 된다는 것을 의미한다. 가처분소득은 시장소득2에서 보

표 18-2 선별소득보장의 효과(단위: 100만 원)

소득분위	시장소득	시장소득2	보조금	기여금	순부담	가처분소득
0%	0.00	0.00	6	0.00	-6.00	6.00
1%	0.31	0.00	6	0.00	-6.00	6.00
23%	5.75	0.00	6	0.00	-6.00	6.00
50%	20.65	20.65	0	0.93	0.93	19.72
66%	31.08	31.08	0	1.40	1.40	29.68
67%	31.84	31.84	0	1.43	1.43	30.41
99%	154.04	154.04	0	6.93	6.93	147.11
100%	1471.32	1471.32	0	66.21	66.21	1405.11
계	869조	853조	38조	38조	38조	853조
지니계수	0.5515	0.5747				0.5168
순수혜자	순수혜자 23%/재분배 금액 38조 원/지니계수 변화 0.0349					
경제적 비용	54조 원(내부 순부담 38조 원+사중손실 16조 원)					
효율성	순수혜자 28만 명당 2.3조 원/지니계수 1%p당 15.6조 원					

조금을 더하고 기여금을 뺀 값이다. 23% 분위까지는 가처분소득이 600만 원으로 모두 동일하다. 이것은 그림 18-1에서 GA 구간에 해당된다. 23%의 사람이 순수혜자가 되고 77%의 사람이 순부담자가 된다.

표 18-3에는 기본소득의 효과가 나타나 있다. 모든 사람에게 600만 원이 지급되어 합계 167조 원의 기본소득이 지급되므로 기여금도 167조 원을 걷어야 한다. 그러나 대부분의 사람들이 내기도 하고 받기도 하면서 서로 상계된다. 순부담자(순부담이 양수인 사람들)의 순부담액은 66조 원으로 명목 기여금 167조 원보다 훨씬 작다. 사람들의 가처분소득은 0%부터 조금씩 증가하고, 평탄 구간이 없다. 전체

표 18-3 기본소득의 효과(단위: 100만 원)

소득분위	시장소득	시장소득2	보조금	기여금	순부담	가처분소득
0%	0.00	0.00	6	0.00	-6.00	6.00
1%	0.31	0.31	6	0.06	-5.94	6.25
23%	5.75	5.75	6	1.10	-4.90	10.65
50%	20.65	20.65	6	3.96	-2.04	22.69
66%	31.08	31.08	6	5.96	-0.04	31.12
67%	31.84	31.84	6	6.11	0.11	31.73
99%	154.04	154.04	6	29.55	23.55	130.49
100%	1471.32	1471.32	6	282.27	276.27	1195.05
계	869조	869조	167조	167조	66조	869조
지니계수	0.5515	0.5515				0.4457
순수혜자	순수혜자 66%/ 재분배 금액 66조 원/ 지니계수 변화 0.1058					
경제적 비용	내부 순부담 66조 원					
효율성	순수혜자 28만 명당 1조 원/ 지니계수 1%p당 6.2조 원					

적으로 66%의 사람이 순수혜자가 되고, 34%의 사람이 순부담자가 된다. 경제적 비용을 비교하면 선별소득보장은 54조 원인데, 기본소득은 66조 원으로 조금 많은 수준이다. 선별소득보장은 지니계수를 1%p 낮추기 위하여 15.6조 원이 들어가지만, 기본소득은 6.2조 원이 들어간다.

예산확보의 정치학
: 비정규직을 순부담자로 할 것인가 순수혜자로 할 것인가

일정한 예산이 있다고 할 때, 실업자에게만 주면 많이 줄 수 있지만, 전 국민에게 주면 조금밖에 줄 수 없는 것은 당연하다. 그러나 일정한 예산이 있는 경우란 존재하지 않는다. 예산은 새롭게 목적세를 걷든지 이미 걷은 돈으로 충당하든지 누군가의 부담이다. 그래서 예산은 유권자의 동의가 있어야 한다. 유권자의 동의를 얻는 과정이 바로 정치이다.

38조 원을 비례세로 걷어서 23%의 사람들을 순수혜자로 만들고 76%의 사람을 순부담자로 만드는 정책과, 167조 원을 비례세로 걷어서 66%의 사람을 순수혜자가 되도록 하고 24%의 사람들을 순부담자로 만드는 정책 중 어떤 것이 유권자의 동의를 얻기 쉬울까? 유권자들이 38조 원을 납부하는 것과 167조 원을 납부하는 것에만 관심을 갖게 되면 선별소득보장 정책이 유리할 것이다. 그러나 이 판단은 유권자들이 내는 돈과 받는 돈을 함께 고려하지 못하는 재정환상에 빠져 있을 때에만 유효하다. 유권자들이 재정환상에서 벗어나서

내는 돈과 받는 돈을 모두 고려하여 합리적인 판단을 한다면 기본소득이 정치적으로 선택될 가능성이 높을 것이다.

표 18-2를 다시 보자. 50% 분위의 사람의 소득은 2,065만 원이다. 선별소득보장에 의해서 이 사람은 93만 원의 순부담자가 된다. 이 사람은 소득 수준으로 보아 비정규직일 가능성이 크다. 결국 선별소득보장은 비정규직 소득으로부터 세금을 걷어서 실업자를 도와주는 셈이다. 표 18-3의 기본소득을 보자. 66% 분위 사람의 소득은 3,108만 원이다. 이 사람은 596만 원을 기여금으로 내고 600만 원을 기본소득으로 받아서 4만 원의 순수혜자가 된다. 결국 기본소득은 실업자와 비정규직을 함께 도와주는 정책이다. 고소득자가 순부담자가 된다.

이상의 분석으로부터, 기본소득은 선별 소득보장에 비해서 시장소득 순위를 존중하고, 비정규직을 순수혜자로 만든다는 의미에서 정의의 원칙에 더욱 들어맞으면서, 정치적으로도 실현가능성이 높은 정책이라는 것을 알 수 있다.

2020.7. 작성

19
소득기반 사회보험과 보편적 사회수당

홍민기

한국노동연구원 선임연구위원

사회보험과 보편−선별 구도

2020년 코로나19가 확산되어 어려움을 겪으면서 현재 사회보험 제도의 약점이 드러났다. 문제를 나누어 보면, 하나는 사회보험에 가입하지 않은 사람들이 많다는 것, 즉 사회보험 사각지대가 넓다는 것이고, 다른 하나는 즉시 이용할 수 있는 소득 정보가 충분치 않다는 점이다.

코로나19가 확산되면서 비정규직 노동자, 특수고용 종사자, 프리랜서, 영세 자영업자 등 취약계층이 더 큰 어려움을 겪었다. 이들 가운데는 고용보험을 비롯한 사회보험의 사각지대에 놓인 사람들이 많았다. 고용보험에 가입했다가 실직한 사람들은 실업급여를 받아서 소득을 보전할 기회가 있지만. 고용보험에 가입하지 않은 사람들은 소득이 많이 감소해도 사회보험으로는 보호를 할 수 없다.

2020년 3월 긴급재난지원금 지급이 논의되면서 즉시 이용할 수 있는 소득 정보가 없다는 것이 문제가 되었다. 처음에 기획재정부는 소득 하위 70% 가구를 대상으로 선별 지급하겠다고 했다. 선별 지원을 하려면 소득에 대한 정보가 있어야 한다. 건강보험 정보를 활용하는 것이 최선이라고 했다. 그런데 건강보험 자료로는 1년 전 혹은 2년 전 소득을 알 수 있다. 이전 소득 정보로 지금의 어려움을 판단하여 지원하기 어렵다. 더구나 사회보험에는 가입자에 대한 정보만 있다. 사회보험에 가입하지 않은, 소위 사각지대에 있는 사람들에 대해서는 정보가 없고, 사회보험으로 보호할 수도 없다. 소위 '보편'과 '선별'의 대립 구도가 설정되었다. 이후 논의가 진행되면서 전 국민에게 보편적으로 재난지원금을 지급하는 것으로 결정되었다.

보편과 선별의 대립을 피하는 방법이 없지 않았다. 우선 보편적으로 지급하고 사후적으로는 선별 지원이 되도록 하는 방식이 있었다. 한국경제학회에서 2020년 4월에 경제학자를 대상으로 긴급재난지원금 설문조사를 한 바 있다. "위축된 경기 회복을 위해 소득계층에 관계없이 전 국민에게 긴급재난지원금을 지급하는 것이 필요하다"라는 설문에 응답한 24명 가운데, 절반 정도가 동의한다고 했다(강하게 동의한다 25%, 동의한다 25%). 보편적인 지급을 찬성한 학자들 가운데 보편 지급하고 말자는 의견은 없었다. 보편적 지급을 주장한 경제학자는 한결같이 '우선 보편 지급, 사후 선별 지원'의 방식을 주장했다. 어려움을 더 많이 겪은 사람들에게 더 많은 지원을 하는 것이 원칙적으로 더 바람직하지만 시급한 지원이 필요한 시점에서 기준에 따라

대상을 선별하기 어렵고, 선별하더라도 시간이 오래 걸린다는 것이 주장의 핵심이었다. 선별의 현실적 어려움을 고려한 주장이었다.

보편적 지급에 찬성한 학자들은 사후적 조치를 제안했다. 조세특례제한법 개정을 통해 세액 가산 항목을 신설하고 연말정산이나 종합소득세 신고 때 소득이 일정 수준 이상인 자의 경우 전액 환수하는 방법, 소득 상위 가구에 대해서는 연말정산에서 세제 혜택을 줄이는 방안 등을 제안했다. 소득세법을 활용해 고소득 가구에 지급된 지원금을 환수하여 실질적으로 선별 지원이 되도록 하자는 주장이 다수였다. 고소득 가구에 지원금을 지급했다가 환수하면 심리적 저항이 있을 수도 있다는 걱정이 있었다. 하지만 이후 선별과 보편의 구도에서 발생한 대립을 생각하면 작은 걱정이라고 할 수 있다. 한국의 사후정산 체계는 매우 잘 되어 있고, 국민도 경험이 많다.

당장 이용할 수 있는 소득 정보가 없는 상태를 고려하여 전문가들은 보편과 선별의 이념적 대립 구도를 벗어나 빠른 시일 안에 지원금을 지급하고 실질적으로 선별 지원이 되도록 하는 방안을 제시했다. 이렇게 했다면 보편과 선별의 대립은 약화되었을 것이다. 하지만 실질적으로 선별 지원이 되도록 하는 방안을 정부에서 적극적으로 검토하지 않았다. 기재부는 보편과 선별 대립 구도를 정책을 통해 완화하려고 하지 않았고 한쪽 깃발을 들고 오히려 대립 구도의 한복판으로 스스로 들어갔다. 국회에서의 논의를 통해 전 국민에게 긴급재난지원금이 지급되었는데, 보편과 선별의 대립 구도는 선명하게 부각되었고, 이후에도 재난지원금을 지급할 때마다 대립이 반복되었다. 보편과 선별의 대립에는 복지 철학의 차이가 원인이기도 했지만, 선별 가능성의 문제 혹은 소득 정보의 문제가 또 다른 원인으로 작용했다.

소득기반 고용보험 제도

사회보험 사각지대 문제는 불충분한 소득 파악 문제와 상당히 중첩되어 있다. 사각지대를 해소하는 방법이 곧 신속하고 정확한 소득 정보를 얻는 방법이 된다.

한국 사회보험의 사각지대가 넓은 근본적인 원인은 고용보험 적용 범위가 임금 근로자를 대상으로 하고 있다는 점에 있다. 고용보험을 비롯하여 현재의 사회보험은 하나의 사업장에서 일하는 전일제 정규직 근로자를 기준으로 설계된 것이다. 현재 고용보험은 고용 형태를 기준으로 한다. 단시간 근로자는 고용보험 적용 대상이 아니다. 특수고용종사자는 임금 근로자와 자영업자의 경계에 있어서 근로자성이 분명치 않다는 이유로 고용보험 사각지대에 있었다. 근로자가 아닌 프리랜서와 자영업자가 고용보험에 가입한 경우는 매우 드물다. 고용 형태가 다양해지면서 근로자성을 확정하기 어렵거나 고용주를 확정하기 어려운 경우가 점점 늘어나고 있어서, 근로자성을 고용보험 가입 조건으로 하면 사각지대를 해소하기가 더욱 어렵다.

2020년 5월 정부는 고용보험 제도의 개편 필요성을 강조하면서 단계적으로 가입 대상을 확대하겠다는 방침을 밝혔다. 특수고용종사자, 프리랜서, 자영업자를 단계적으로 포괄하겠다는 방침이다. 단계적 확대 방안에서는 여전히 고용 형태의 구분을 유지하고 있다.

고용보험 사각지대를 해소하기 위한 근본적인 해결책은 고용 형

표 19-1 2019년 귀속 소득세 신고 인원

	인원(만 명)	금액(조 원)	1인당(만 원)	세목
근로소득 연말정산자	1,917	722	3,765	원천세(근로소득)
사업소득자	704	127	1,799	소득세
일용소득자	741	60	807	장려세제
특수고용 종사자	155	23	1,468	원천세(사업소득)
프리랜서	72	10	1,415	원천세(사업소득)
병·의원(개인)	9	35	38,542	원천세(사업소득)
중복 제외 합계	3,057	873	2,855	

주: 사업소득 신고자는 과세 미달자를 포함한 것이다.
자료: 국세통계연보.

태를 따지지 않고 소득 활동을 하는 다양한 형태의 취업자를 포괄하는 제도를 마련하는 것이다. 소득을 기준으로 하는 고용보험 제도를 소득기반 고용보험이라고 한다. 소득기반 고용보험은 고용 형태와 관계없이 근로를 통해 소득을 얻는 모든 취업자를 포괄하려는 제도이다.

소득신고를 한 사람이 사회보험 신고를 한 사람보다 압도적으로 많다. 중복 신고를 제외하면, 근로소득이나 사업소득을 국세청에 신고한 사람은 2019년 총 3,057만 명으로 추산된다. 이는 15~74세 인구(4,199만 명)의 72.8%를 차지한다. 취업자의 대부분을 포괄한다고 해도 무방하다. 반면 고용보험 가입자는 2019년 1,386만 명으로 2019년 소득세 신고자 3,057만 명의 45.3%에 지나지 않는다.

상용근로소득에 관해서는 이미 소득세와 고용보험료 동시 납부가 이루어지고 있다. 다만, 소득세는 국세청에, 고용보험료는 건강보험공단에 납부하고 있다. 일용근로소득과 특수고용 종사자의 경우, 소득세와 고용보험료를 산정하는 방식이 다르고, 납부하는 기관도 다르다. 보험행정과 조세 행정이 분리되어 있어서 행정의 비효율성도 크고, 사회보험 사각지대가 발생한다. 국세청에 소득신고를 한 사람이 많기 때문에 소득세와 고용보험료를 같이 내도록 하면 고용보험 사각지대를 상당히 해소할 수 있을 것으로 기대한다.

국세청에 소득신고를 한 사람은 많은데 개인별로 소득을 합산해서 개인별 소득 정보를 관리하고 있지 않다. 소득 정보가 세목별로 흩어져 있다. 이미 있는 정보를 모으는 작업은 기술적으로 아주 쉽다.

소득기반 고용보험에서 보험료 납부를 소득세와 함께한다는 것이 가장 중요한 원칙이다. 소득세와 고용보험료를 함께 원천징수한다고 표현할 수 있다. 온전한 소득기반 고용보험에서는, 원천징수 의무자인 사업주가 취업자의 인적 정보, 과세대상소득 금액, 보험료를 다음 달 10일까지 일괄 신고하고 납부한다. 그리고 납부 정보를 이용하여 개인별로 소득을 합산한다.

소득기반 고용보험을 말하면서 '실시간 소득 파악'이라는 용어가 사용되기도 한다. '실시간 소득 파악'은 개인별로 합산한 소득을 파악한 다음에 보험료를 부과한다는 느낌을 준다. '파악'이라는 용어가 오해를 줄 수 있다. 소득기반 고용보험에서는 소득 파악 후 부과하는 것이 아니라 소득이 발생하면 일단 고용보험료를 소득세와 함께 납부하고 나중에 개인별로 합산하는 것이기 때문에 사후적으로 개인별 소득 정보가 월별로 파악된다. 소득 파악 후 부과하면 현재의 부과 징수체계와 크게 달라지지 않는다.

소득기반 고용보험에서는 월 단위로 인적 정보, 소득, 보험료를 일괄 신고하면 되기 때문에 부과 고지는 불필요하며, 소득 변동자 신고를 별도로 할 필요가 없다. 제도가 정착되면 고용보험 취득, 상실 신고도 불필요하다. 대상자가 실업급여를 신청하면 개인별로 합산한 소득과 보험료 납부 이력 정보를 확인하여 실업급여 자격 여부, 급여액, 급여 기간 등을 결정하면 된다.

소득기반 고용보험으로 전환하기 위해서는 필수적으로 조정해야 하는 사항들이 있다. 먼저, 납부 기관을 일원화하는 것이다. 소득세와 고용보험료의 통합 납부, 개인별 소득 통합 관리, 환급 등의 절차를 고려하면 고용보험료 징수, 소득 자료 관리, 환급 기관을 국세청으로 일원화하는 것이 효율적이다. 징수 업무가 국세청으로 통합되면 현재 사회보험료 징수를 맡은 건강보험공단은 관리와 서비스 업무에 집중해야 한다. 공단의 업무가 조정되면 인력 조정에 대한 걱정이 생길 수 있다. 이 문제를 사전에 충분히 협의하여 해결해야 한다.

둘째, 납부 기준을 정비해야 한다. 건설업, 특수고용종사자의 납세 기준과 고용보험료 기준을 일원화하고, 고용보험법과 소득세법의 일용근로자 정의를 같게 하는 등의 정비가 필요하다.

셋째, 실업급여 수급 요건을 정비해야 한다. 납부 기준을 소득으로만 한정하면 수급 요건도 소득을 기준으로 하는 것이 일관된다. 소득 이외에 고용 형태나 근로시간이 실업급여 수급 요건에 포함되지 않아야 한다. 고용보험 가입 최저소득 기준을 설정해야 하고, 실업부조와의 관계도 고려해야 한다.

넷째, 자영업자의 소득 신고체계를 정비하는 작업도 필요하다.

이처럼 필수적으로 조정해야 하는 사항만 해결하려고 해도 쉽지 않다. 다음 정부가 적극적인 노력을 기울여야 가능한 일이다.

사회보험과 사회수당

소득기반 고용보험이 마련되면 월 단위로 소득을 파악할 수 있으므로 선별의 어려움은 사라질 것이다. 이렇게 되면 보편과 선별의 문제는 선별 가능성이라는 행정적 어려움의 문제에서 벗어나 복지 철학의 문제가 된다. 현재의 논쟁에는 행정적 어려움과 복지 철학 두 가지 문제가 섞여 있다.

소득기반 사회보험이 마련된다고 해도 사회보험만으로 사회 구성원의 경제적 어려움을 다 해결할 수는 없다. 사회보험은 기본적으로 기여의 원리에 기반한다. 사회보험 제도에서는 오랫동안 보험료를 많이 낸 사람이 더 많은 급여를 받는다. 짧은 기간 동안 적은 보험료를 낸 사람의 급여액은 최소한의 생활요건을 충족하지 못할 수 있다.

사회보험의 사각지대에 있어서 충분히 보호받지 못하는 사람들을 위해 기여와 상관없이 급여를 지급하는 사회수당이 필요하다. 예를 들어, 국민연금 제도가 있지만 국민연금 수급을 받지 못하거나 수급액이 적어서 노후 생활을 유지하기 어려움이 있다는 점을 감안하여 기초노령연금 제도가 마련되어 있다. 기초노령연금은 기여와 상관없이 지급되는 사회수당이다. 아동수당, 장애인연금도 사회수당의 일종이다.

사회보험의 사각지대가 넓거나 급여액이 불충분하면 기여와 상관없이 지급되는 사회수당의 필요성이 커진다. 매우 구체적인 목적을 달성하기 위해 설계된 정부 정책의 실효성이 약해도 보편적인 사회수당에 대한 요구가 늘어난다. 이렇게 저렇게 효과가 없는 정책을 산발적으로 집행하느니 차라리 그 예산을 다 모아서 국민에게 나누어 주는 게 낫다는 생각이 강해진다.

사회보험과 사회수당의 사각지대에 있는 집단이 여전히 있다. 청년 미취업자, 주된 직장에서 은퇴하였지만 국민연금이나 기초노령연금을 받지 못한 장년층이 해당한다. 25세 부근의 청년과 50대 후반부터 60대 초반까지 장년층을 대상으로 하는 사회수당을 고려해 볼 수 있다. 이렇게 하면 복지 사각지대를 우선 해결할 수 있다.

2021. 12. 작성

20
최근 기본소득 논쟁의 허와 실

정원호

고양시정연구원장

모두에게 무조건 현금을 준다는 기본소득은 5~6년 전까지만 하더라도 허무맹랑한 망상 취급을 받았으나, 2021년 현재 차기 대선 후보 경선 과정에서는 이재명 경기도지사의 기본소득 주장을 둘러싸고 여야 간에, 또 여당 내에서도 가장 뜨거운 쟁점이 되었다. 그런데 사실 연구자들 간에는 오래전부터 기본소득에 관한 논쟁이 진행되어 왔으며, 특히 작년 초부터 코로나19에 따른 재난기본소득/재난지원금의 지급을 계기로 더욱 치열해졌다.

그 많은 쟁점을 짧은 지면에서 모두 검토하기는 어렵고, 여기서는 국민들이 언론을 통해 쉽게 접할 수 있는 정치권에서의 논쟁을 위주로 그 내용과 문제점을 간략히 살펴보고자 한다.

복지 축소 지향하는 안심소득제

먼저, 야당(국민의힘)의 오세훈 서울시장은 지난 5월 말 기본소득이 천문학적 재원을 필요로 한다고 비판하면서 안심소득제를 제안하고, 서울시에서 시범사업을 실시한다고 밝혔다.

안심소득제는 미국의 프리드먼M. Friedman이 제안한 음소득세 negative income tax를 변형한 것으로, 중위소득 100%(기준소득) 이하의 가구에 중위소득과 가구소득의 차액의 50%를 지급한다는 것이다.[1] 즉, 안심소득 = (중위소득 − 가구소득) × 0.5인 것이다. 2021년 4인 가구 중위소득이 월 약 488만 원이므로, 편의상 연간 6,000만 원으로 가정하면, 소득이 전혀 없는 4인 가구는 연간 3,000만 원의 안심소득을 지급받는다.

이 대신 안심소득제는 현행 기초생활보호제도 중 생계급여, 주거급여, 자활급여와 국세청이 저소득 근로가구에 지급하는 근로장려금과 자녀장려금의 폐지를 주장한다. 재원은 이 다섯 가지 복지의 폐지로 절약되는 예산으로 충당한다는 것이다. 이 주장에 따르면, 안심소득제는 각종 급여 지급을 위한 복잡한 심사를 국세청의 소득 기준으로 단일화하여 행정비용을 절감하고, 기본소득보다 적은 재원으로 사각지대 없이 저소득층을 보호할 수 있으며, 소득이 증가할수록 안심소득은 감소하지만 가구의 순소득은 증가하므로[2] 소득이 증가

---

1 국민의힘 소속 유승민 전 의원도 기본소득 대신 '공정소득'을 주장하는데, 구체적 내용은 없지만, 이것도 음소득세 개념에 근거한다고 밝히고 있다.

2 4인 가구의 소득이 전혀 없다면 연 3,000만 원의 안심소득을 받아 순소득도

하면 수급액이 전부 또는 일부 삭감되는 기존의 복지에 비해 노동유인이 제고된다는 것이다.

그러나 안심소득은 기본소득에 비해 몇 가지 단점을 갖고 있다. 기본소득은 선별하지 않고 보편적으로 지급하는 데 반해, 안심소득은 기준소득을 기준으로 저소득층과 고소득층을 선별하기 때문에, 기존의 복지보다는 덜하지만 기본소득에 비해서는 행정비용과 낙인효과가 크다. 또한 안심소득의 노동유인이 기존 복지보다는 크지만, 소득 증가에 따라 안심소득이 감소하는 것은 마찬가지이기 때문에, 소득이 증가하더라도 삭감되지 않고 동일하게 지급되는 기본소득보다는 노동유인이 적다. 무엇보다 안심소득은 기존의 중요한 몇 가지 복지의 폐지를 전제로 하는데, 이때 경우에 따라 복지급여의 수준 자체가 저하될 우려도 있으며,[3] 폐지되는 복지의 재원 외에 복지 확대를 위한 추가적인 재원 마련 방안이 없다. 이에 반해 기본소득은 기존 복지를 유지하면서 공유부 수익(후술)을 재원으로 복지의 확대를 지향한다.

3,000만 원인데, 가구소득이 2,000만 원이라면 안심소득은 (6,000 - 2,000) × 0.5 = 2,000만 원으로 감소하지만, 원래 가구소득과 안심소득을 합한 순소득은 4,000만 원이 된다.

3 예를 들어 1인 가구의 경우 소득이 0이라면, 현행 제도하에서는 생계급여 월 54만 8,349원과 주거급여(서울) 월 31만 원을 합해 월 85만 8,349원, 연 1,030만 188원을 받을 수 있다. 이에 반해, 안심소득은 연 750만 원에 지나지 않아[(1인 가구 기준소득 1,500만 - 0) × 0.5 = 750만 원], 수급액이 기존 제도에서보다 연간 약 280만 원 정도 삭감된다.

'기본소득은 권리'라는 관점 결여

다른 한편에서는 여당 후보들도 이재명 지사의 기본소득에 대해 매우 비판적인데, 핵심 요지는 금액을 충분히 할 경우 막대한 재원 조달이 불가능하며, 소액으로 할 경우 복지효과가 적어 의미가 없다는 것이다. 결국 금액이 많은 '완전기본소득'은 불가능하고, 금액이 적은 '부분기본소득'은 불필요하다는 것이다. 이에 대해 이재명 지사는 한편으로 금액과 재원을 단계적으로 확대하면 된다고 방어하면서, 다른 한편으로 기본소득이야말로 복지정책일 뿐 아니라 최고의 경제정책이라고 주장했다.

여기에도 많은 논점이 있지만, 일단 두 가지만 지적해 두자. 먼저 전 세계 기본소득 지지자들의 네트워크인 기본소득지구네트워크 BIEN는 부분기본소득이라 하더라도 다른 사회보장제도들과 함께 실시될 때 저소득층에게 실질적인 혜택이 된다고 명시하고 있다. 또 하나는 모두에게 지급하는 기본소득의 비용이 저소득층에게만 지급하는 선별복지의 비용보다 훨씬 큰 것처럼 보이지만, 지급에 소요되는 총비용만이 아니라 재원 마련을 위한 기여(부담)와 수혜를 함께 고려한 순비용 측면에서 본다면, 기본소득의 비용도 그리 크지 않다는 것이다. 선별복지의 경우에는 고소득층은 수혜는 없이 부담만 하고 저소득층은 부담은 없이 수혜만 입기 때문에, 고소득층의 부담이 곧 총비용이자 순비용이다. 그런데 기본소득의 경우 모두가 동일하게 선별복지의 수혜만큼을 받는다고 가정하면, 고소득층의 부담, 즉 총비용은 2배가 되지만, 고소득층도 그 절반만큼은 수혜를 입기 때문에 순비용은 선별복지와 같은 것이다.

그런데 더 중요한 것은 금액이나 비용의 많고 적음이 아니라 최근의 논쟁 과정에서 기본소득의 지지자나 반대자나 기본소득의 본질에 대한 이해가 부족하다는 것이다. 이재명 지사는 기본소득이 복지정책이자 경제정책이라고 주장하고, 반대자들은 주로 복지정책적 관점에서 비판하고 있는데,4 양자 모두 기본소득의 본질은 복지정책이나 경제정책 이전에 우리 사회의 공유부common wealth에 대한 모든 사회구성원의 권리에 기초한 몫이라는 점을 간과하고 있다.

우리 사회에는 구성원 모두의 소유라고 할 수 있는 공유부가 존재하는데, 가장 원초적으로는 인간의 노력과 무관하게 자연적으로 주어지는 토지, 천연자원, 자연환경 등의 '자연적 공유부'가 있다. 또 사회구성원들이 공동으로 창출한 공유부는 '인공적 공유부'라고 할 수 있는데, 인류의 장구한 역사 속에서 축적된 지식이라든가 최근에 중요성이 더해지는 빅데이터 등이 그것이다. 이 공유부들은 특정 개인이 창출한 것이 아니거나 모든 구성원이 공동으로 창출한 것임에

---

4 현금성 복지는 당연히 소득재분배라는 경제정책적 효과를 수반한다. 그럼에도 이재명 지사가 굳이 기본소득을 경제정책이라고 강조하는 것은 2019년부터 실시되고 있는 경기도 청년기본소득이나 작년의 전 국민(전 가구) 재난지원금, 각 지자체의 재난기본소득/재난지원금 등이 특정 기한 내에 소비해야 하는 시한부(소멸성) 지역화폐(지역 제한, 업종·규모 제한)로 지급됨에 따라 단기간에 소비 진작 효과가 컸던 것을 염두에 두기 때문인 것으로 보인다. 그러나 그러한 경제적 효과는 기본소득의 특성인 '보편 지급', 즉 모두에게 동일 금액을 지급한 효과라기보다는 '시한부 소비'라는 조건의 효과에 기인한 바 크다. 따라서 이재명 지사가 기본소득을 경제정책이라고 강조하는 것은, 완전히 틀렸다고는 할 수 없지만, 그다지 정확하다고 할 수도 없다.

도, 사유재산제도하에서는 특정 개인이 특권적으로 소유하고 있다. 기본소득은 바로 이러한 특권적 소유를 지양하고, 구성원 모두의 몫(권리)인 공유부 수익을 모두에게 동등하게 배당함으로써 분배정의를 구현하자는 것이다. 이를 위한 구체적 재원은 토지보유세, 천연자원 수익, 환경세/탄소세, (지식)소득세, 빅데이터세 등이 될 수 있으며, 재원의 규모나 기본소득의 금액은 사회적 합의 수준에 따라 결정될 것이다. 요컨대 기본소득은 복지정책이나 경제정책이기에 앞서 사회구성원 모두의 권리를 보장하는 것이다.

기본소득을 위한 먼 여정

기본소득은 사실 다른 많은 사회정책들보다 더 큰 패러다임 전환을 의미하는 만큼, 단기간 내에 도입되기는 쉽지 않을 것이다. 더구나 보통 선거권이나 흑인 민권 등의 역사적 경험에서 보듯이, 천부적 권리의 보장과 확대는 기득권자들과의 지난한 투쟁을 통해 점진적으로 이루어진다. 그렇게 본다면, 지금 대선 국면에서 기본소득 논쟁이 치열하다고 해서 조만간 기본소득이 도입될 것 같지는 않다. 그럼에도 최고의 정책경쟁 무대인 대선 과정에서 논쟁이 진행된다는 것은 우리 사회가 그 먼 여정을 본격적으로 시작하고 있다는 것을 보여준다는 점에서 매우 큰 의의가 있다.

2021년 4월 경기연구원이 전국 성인 1만 명을 대상으로 실시한 대규모 '기본소득 국민의식조사'에서 무려 80.8%가 월 20만 원 또는 월 50만 원의 기본소득에 찬성하고 있다는 사실은 기본소득 도입의 여건도 조금씩 성숙되어 가고 있다는 것을 보여준다. 기본소득에 관한 논의를 더욱 발전시키고 국민 모두가 지혜를 모아야 할 때다.

2021.7. 작성

21
기본소득론과 일자리보장론에 대한 단상
현존 복지국가체제의 한계에 대한 두 가지 대응

옥우석

인천대학교 무역학부 교수

최근 한국 정계에서는 기본소득제도 도입과 관련한 논쟁이 한창이다. 기본소득이란 정부가 모든 성인 구성원에게 정기적으로 동일한 수준으로 지급하는 소득으로, 일각에서 현존 사회보장제도를 보편적 복지 중심으로 재편하기 위한 대안으로 제시하고 있다. 다른 일각에서는 정부가 일할 의사가 있는 모든 사람에 대해 고용을 책임지는 일자리보장제도의 도입을 주장하기도 한다.[1]

기본소득제도와 일자리보장제도에 대한 논의는 현존 사회보장체계의 한계에 대한 문제의식에서 출발한다. 기존 사회보장제도는 자산조사나 근로조건을 전제로 하기 때문에, 불가피하게 사각지대가 발생한다. 특히, 인공지능과 로봇에 의한 자동화에 따른 일자리 불안

---

[1] 일자리보장제도는 일각에서는 기본일자리제도라는 명칭으로 부르기도 한다.

정성의 확산에 대처하기 위해서는 평생 예측 가능한 안정적인 생활을 보장하는 것이 필요하다는 것이 두 가지 주장의 핵심적 근거라고 할 수 있다. 이러한 문제에 직면하여 기본소득론은 소득보전을 통하여, 일자리보장론은 공공일자리 창출과 완전고용을 통하여 복지 사각지대를 해소하고, 소득분배를 개선할 것을 제안하고 있다.

기본소득론: '일하지 않을 권리'의 꿈

기본소득론은 현존 사회보장제도의 조건성과 사각지대를 비판하고, 이를 자산 조사나 근로라는 전제 없이 소득보전의 보편성을 강화함으로써 재편하고자 하는 흐름이라고 할 수 있다. 완전한 형태의 기본소득제도는 무조건성, 정기성, 충분성 등 세 가지 조건을 충족해야 한다. 즉, 기본소득은 '조건 없이' 모든 사람에게, 정기적으로, 생계유지에 충분한 소득이 제공되어야 한다는 것이다. 이에 더하여, 개별성(개인 단위로 지급), 현금성(현금으로 지급) 등의 조건을 꼽기도 한다.

최근 국내에서 활발하게 논의되고 있는 기본소득제도에 대한 제안 중 대표적인 것으로는 이재명 민주당 대선후보의 제안, 기본소득당의 제안, 민간 싱크탱크 '랩 2050'의 제안 등 세 가지를 들 수 있다. 이 중 현재 가장 큰 주목을 받고 있는 이재명 경기도지사의 제안은 차기 임기 동안 청년에게는 연 200만 원, 그 외 전 국민에게는 연 100만 원을 지급하겠다는 것이다. 기존 기초생계급여 등 복지수당은 그대로 유지한 채, 기본소득토지세 및 탄소세의 도입, 예산 우선순위 조정, 조세감면분 축소 조정 등을 통해 재원을 확보할 계획인 것으로 보인다. '기본소득목적세' 도입에 대한 검토 등에서 나타나듯 장기적으로는 증세도 염두에 둔 것으로 보인다.

기본소득제도의 가장 큰 장점은 선별과 모니터링을 위한 비대한 관료제도 없이 사각지대가 없는 복지를 실현할 수 있다는 점이다. 무조건성(보편성)을 전제로 하는 기본소득제도하에서는 법제 개정 등 새로운 고용형태의 출현으로 인한 사각지대 해소를 위한 노력에 수반되는 사회적 비용을 지불할 필요가 없다. 수급권자의 입장에서 보면 자산조사 과정에서 발생하는 소위 '낙인효과stigma effect'를 방지할 수 있다는 장점도 있다. 기본소득은 시장에서 사실상의 최저임금으로 작용하므로 질이 낮은 일자리를 줄이는 효과가 있다는 주장도 있다.

완전 기본소득제도의 가장 분명한 문제점은 재정소요가 매우 큰 반면 소득 재분배 효과는 불확실하다는 점이다. 기본소득제도의 소득재분배 효과에 대해서는 아직 연구자 간 의견이 분분하다. 이 제도는 근로의욕 감소와 그에 따른 거시경제의 불안정성을 야기할 수도 있다. '충분성'이 보장된 기본소득은 고용감소 → 세수감소 → 증세 → 고용감소의 악순환을 발생시킬 수 있으며, 물가상승으로 인한 명목 기본소득의 인상 압력이 발생할 위험도 있다.

기본소득제도는 그 시행에서도 많은 어려움이 따를 것이다. 이 제도의 시행을 위해서는 현행 조세제도와 복지제도의 전면적인 개편이 불가피하다. 토지보유세 등 공유자원에 대한 새로운 세원 확충 문제는 접어두고라도, 기본소득이라는 단순한 설계를 통해 현대 복지국가 형성과정에서 축적된 다양한 계층 간 사회적 합의라는 복잡한 구성을 완전히 대체할 수 있다는 생각은 지나치게 낙관적인 견해로 보인다. 실제로 공적 사회서비스의 비례적인 확대가 이루어지지 않는 한, 기본소득의 시행은 한국의 복지체제를 동유럽이나 남유럽과 같은 현금중심형 복지체제로 수렴하게 할 것이라는 주장도 있다.

재정 및 증세에 대한 부담으로 인하여 현실의 기본소득제도론자들은 기존 복지제도를 유지한 채 소액의 기본소득으로 보완하는 방식을 염두에 두는 것으로 보인다.[2] 하지만 '충분성'이라는 중요한 조건이 빠진 기본소득제도가 소득분배개선이나 '일하지 않을 자유'라는 기본소득 주창자들의 주요 정책적 목표를 달성하는 데 충분한지 의문이 생길 수밖에 없다. 막대한 재정부담을 회피할 수 있는 또 하나의 방법은 청년 등 표적그룹을 대상으로 무조건성(보편성)에 제한을 두고 시행하는 방식이다. 그렇지만 이 경우 현대 사회보장제도가 포함하고 있는 사회수당demogrant에 비해서 별로 새로운 바가 없다고 할 수 있다.

일자리보장론: '일할 권리'의 꿈

일자리보장론은 정부가 '최종고용주employer-of-last-resort: ELR' 역할을 수행해야 한다는 기본 아이디어에서 출발했다. 정부가 최종고용주로서 근로를 원하는 모든 사람에게 일자리를 제공함으로써 무한탄력적인 노동수요를 창출할 수 있다는 주장이다. 일자리보장정책은

---

2   현재 제안된 기본소득 액수는 이재명 민주당 대선후보안은 연 100만 원, 가장 급진적인 형태인 기본소득당의 제안은 월 60만 원(연 720만 원)에 지나지 않는다.

2020년 미국에서 민주당 대선 경선 후보로 출마한 버니 샌더스Bernie Sanders가 경쟁 후보들과 함께 공약으로 제시하면서 세간의 관심을 끌기 시작했다. 실리콘밸리에 지역구를 둔 로 칸나Ro Khanna 하원의원, 비영리 싱크탱크 레비연구소와 CBPPCenter on Budget and Policy Priorities 역시 다양한 형태의 일자리보장제도를 제안했다. 이들 제안의 공통 요소는 근로 의사를 지닌 모든 근로자에게 최소 주 15시간의 일자리를 보장한다는 것이다.

일자리보장론이 주장하는 이 정책의 장점은 다음과 같다. 첫째, 완전한 형태의 일자리보장제도는 1차 소득분배에서 취업 여부에 따른 소득분배 문제를 제거한다. 또한 일자리보장 프로그램이 지불하는 임금은 사실상의 최저임금으로 작용하며, 직장 내 훈련 등 '사람에 대한 투자'를 핵심으로 삼기 때문에 특히 취약계층의 인적 자원의 보존과 촉진에 유리하다. 둘째, 기본소득제도와 비교해 볼 때 일자리보장제도는 자동적인 경기대응 메커니즘을 지니고 있고 재화·서비스의 공급을 늘려 가격을 안정화하므로 거시경제적 안정성을 유지할 수 있다는 장점을 지닌다. 셋째, 일자리보장제도는 실업급여 및 기초생활보장제도 등 기존 복지제도를 대체하는 것이 아니라 근로자가 이들 프로그램 사이에서 선택할 수 있도록 하므로, 기득권과 관련하여 제도 변화에서 발생하는 사회적 비용을 절감할 수 있다.

일자리보장론에서 가장 불편한 부분은 그 이론적 배경으로 제시되는 현대화폐이론이 주장하는 '기능적 재정원칙'과 관련된 것이지만, 현실에서 일자리보장제도를 받아들이기 위해서 반드시 현대화폐이론을 받아들여야 하는 것은 아니다.[3] 근로자 복지비용, 자본비용, 행정비용 등을 간과하고 있다는 비판도 있지만, 제안자들의 추정 치를 믿는다면 일자리 보장제도 도입에 필요한 예산은 재정적으로 불가능한 액수는 아니라고 할 수 있다.[4]

일자리보장제도의 더 큰 문제는 재정 문제보다는 실효성 확보를 위한 세부적인 정책 디자인과 관련된 것으로 보인다. 가장 먼저, 시장이 아닌 관료조직이 조정의 역할을 수행할 때 재화·서비스와 사회적 수요 간, 그리고 일자리를 필요로 하는 사람과 공급된 일자리 간 미스매치의 문제를 어떻게 해결할 것인가 하는 문제가 있다. 일자리보장제는 근로자-중앙정부, 중앙정부-지방정부·산하기관, 산하기관-근로자 간 '3중의 요구'라는 복잡한 메커니즘을 통해 실현되므로 그 규모가 커지면 커질수록 행정비용은 기하급수적으로 증가하게 될 것이다. 둘째, 도덕적 해이 문제이다. 일자리보장론은 아직 작업장에서의 근무 태만이나 강도가 다른 업무들 간 업무 분장에 따른 개인 간 갈등 등 현실적으로 근로현장에서 발생할 수 있는 다양한 문제들에 대해 구체적인 답을 제공하지 못하고 있다. 또한, 최종 고용주가 파산 위험이 매우 작은 중앙정부로 단일화되어 있는 한 일자리보장제 근로자들은 더 조직화되고 쟁의의 위험성에 대한 고려를 덜할 것이므로, 일자리보장제 생활임금 수준도 최저임금보다 더 큰 상승압력에 직면할 가능성이 크다. 마지막으로, 적극적 노동시장 프로그램의 효

---

3   현대화폐이론은 변동환율 불태환주권통화를 보유한 정부는 재정지출 확대에 따른 부채는 사후적으로 통화 발행을 통해 해결할 수 있으므로 파산의 위험이 없다는 주장을 골자로 한다.

4   일자리보장제도 소요예산은 미국의 경우 GDP의 1.5~3%, 한국의 경우 대략 10조 원에서 50조 원 사이가 될 것이라는 주장들이 있다.

과에 대한 연구들은 정부 직접고용의 취업능력 제고 효과에 대해 회의적인 결론을 내리고 있다는 점을 감안하면, 불황기에 일자리보장제의 수혜를 받은 근로자들이 호황기에 민간부문으로 이동한 후 얼마나 생산성을 담보할 수 있을지에 대한 의문도 제기된다.

보편복지가 만병통치약은 아니다

글로벌화와 급변하는 기술환경 속에서 현대 복지국가는 사각지대 해소를 위한 적절한 해답을 쉽게 내놓지 못하고 있다. 기본소득 및 일자리보장과 관련된 제안들은 이에 대해 '일하지 않을 권리'와 '일할 권리'라는 서로 다른 보편성에 기초하여 담대하고 단순한 해답을 제시하고 있다는 점에서 매력이 있다. 하지만 수많은 경제정책의 성공과 실패의 역사를 통해 알 수 있듯이 좋은 의도가 반드시 좋은 결과로 귀결되는 것은 아니다. 두 접근 모두 과도한 재정부담의 위험성에 대해 답해야 하며, 제도 시행 과정에서 발생하는 미시적 조정의 문제에 대한 수많은 질문에도 답해야 한다.

두 접근 모두에서 유의미하고 호소력이 있는 부분은 유효수요나 실업의 문제가 어떠하든 간에 재정건전성에만 집착하는 보수적 경제정책에 대한 비판적 시각이라고 할 수 있다. 그러나 보수적 경제정책이 틀렸다고 해서 그 반대가 반드시 옳은 것은 아니다. 기본소득론과 일자리보장론이 제기하는 문제의식은 청년 등 표적그룹을 정한다든지, 사회적 기업을 매개로 한 사회서비스 고용의 확대 등 다양한 방식으로 기존 복지시스템과 고용정책 속에 용해될 가능성도 있다. 그러나 보편성의 황홀함에 도취되어 표적그룹의 선별적이고 집중적인 지원을 통한 효율적 정책관리라는 오랜 정책적 노하우를 섣부르게 포기하는 것은 득보다 실이 더 클 수 있다는 점을 염두에 두어야 한다.

2021.11. 작성

22
코로나시대 에듀테크를 활용한 포용적 교육혁신

김희삼

광주과학기술원 기초교육학부 교수

온라인 원격수업은 코로나19 사태라는 감염병 대유행의 위기 상황에서 갑작스럽게 단행된 위기대응 수단이었다. 그러나 이 과정에서 모든 학교의 교원들이 원격수업의 경험을 갖게 되었고, 이에 필요한 최종 사용자 수준에서의 기술 활용 능력도 습득하게 되었다. 나아가 바이러스 변종이 계속 생기고 확산의 급증이 반복되면서 팬데믹이 장기화될 수 있다는 예상과 함께, 원격수업도 일시적인 상황이 아니라 지속될 가능성이 상당할 것으로 여겨졌다. 이에 따라 원격교육이라는 새로운 방식의 교육에 '적응'할 준비를 하면서 미비점을 보완하는 것이 필요하게 되었다.

일반적으로 학생들이 학교에서 보내는 시간이 줄어들면 가정배경에 따른 학력 차이가 커진다. 원격수업이 부실하게 제공되거나 학생이 집에서 방치되는 시간이 늘어나면 근간에 증가세였던 기초학력

미달 학생의 비율과 학업성취도에 대한 사회경제적 배경의 영향력은 더욱 커질 수 있다.

그런데 원격교육의 전격적인 도입이 기초학력 보장과 교육격차 완화라는 측면에서 포용적 교육혁신의 '기회'가 될 수는 없을까? 그리고 기존의 교실수업에서도 근간에 늘어나고 있는 기초학력미달 학생이 더 증가하는 계기가 아니라 이들의 수업 이해도를 높이는 계기가 될 수는 없을까? 이 글에서 이러한 '기회'의 가능성들을 간단하게 짚어보고자 한다.

동영상강의의 반복학습 장점 활용

에빙하우스의 '망각곡선'은 학습 내용의 기억이 시간의 경과에 따라 감소한다는 것을 알려준다. 가령 학습 후 20분 후에는 58%, 1시간 후에는 44%, 9시간 후에는 36%, 1일 후에는 33%, 2일 후에는 28%, 6일 후에는 25%, 31일 후에는 21%만 남는다는 것이다. 그러나 한 번 학습한 내용을 쉽게 반복해서 볼 수 있는 수단(노트 필기 등)이 있으면 복습을 통해 망각곡선을 극복하고 기억이 사라지기 전에 복구할 수 있다. 또한 '독서백편의자현讀書百遍義自見'이라는 말이 있듯이, 한 번의 학습으로는 이해가 어려운 내용도 여러 번 되풀이하여 학습하면 스스로 그 내용을 깨우쳐 알게 될 수 있다.

이렇게 볼 때, 반복시청이 가능한 동영상강의는 진도에 쫓겨 반복설명 없이 지나가 버리는 교실수업과 달리 학생이 필요한 부분을 되돌려볼 수 있고 속도 조절도 가능하다는 장점이 있다. 기존의 교실수업에서 이해가 느려 뒤처지곤 했던 학생에게는 녹화강의를 통한 반복학습이 효과적이고, 중요한 내용인 경우 이를 일정 시간 경과 후에 다시 시청함으로써 망각도 방지할 수 있다. 이처럼 원격교육을 통해 제공되는 동영상강의가 예습과 복습을 용이하게 한다는 점은 이해와 암기에 불리한 인지능력을 가진 학생들에게는 잠재적인 장점이 될 수 있다. 물론 학생의 주체적인 학습동기가 뒷받침될 때 그 장점이 활용될 수 있으므로, 동기부여가 교원의 중요한 역할이 된다.

인공지능을 이용한 맞춤형 학습의 성과

ICT(정보통신기술) 등 신기술을 교육에 적용하는 에듀테크edtech의 발전은 교사의 노력을 덜 들이면서도 학생 맞춤형 지도를 용이하게 해줄 수 있다. 교사의 시간과 수고가 많이 요구되었던 개별 학생에 대한 피드백 제공을 컴퓨터가 도와줄 수 있는 것이다.

예를 들어 인도 델리에서 저소득층 중학생들에게 방과 후에 컴퓨터 지원 방식의 개별 맞춤형 학습computer-aided learning: CAL 기회를 제공한 결과, 비교집단에 비해 현저한 학업성취도 향상효과가 나타났던 실험 결과가 한 가지 사례이다. 이 실험에서는 학생들과 학부모들에게 이 프로그램을 체험해 보게 한 후에 추첨을 통해 절반 정도에 해당하는 314명의 학생에게 수업료를 면제하고 이 수업을 4개월 반 동안 받을 수 있게 했다. 이 프로그램은 수학과 국어(힌디어) 과목에 대해 주 6일, 하루 90분 학습을 제공했는데, 전반 45분은 소프트웨어를 이용한 자기 주도학습이었고, 후반 45분은 12~15명씩 모둠을 만

들어 조교가 학습을 도와주었다. 그 결과, 추첨에서 당첨되어 이 프로그램에 참여한 학생들은 당첨되지 않았던 학생들보다 두 과목 모두 매우 높은 성적을 거두었다. 이처럼 새로운 기술을 교육적 목적에 맞게 도입하여 잘 설계된 학습 프로그램은 취약계층 학생들의 학업성취도 향상에 큰 도움이 될 수 있다는 것이다.

또한 미국 애리조나 주립대학교에서는 획일적·일방적 강의수업 대신에 개별 학생의 수준과 선지식에 맞춰주는 인공지능AI을 이용하여 학생 스스로 진도를 조절하는 주체적 학습을 하도록 한 결과, 목표성취수준에 이르는 학생의 비율이 전보다 증가하는 성과를 거두고 있다. 애리조나 주립대는 2016년 가을부터 맥그로 힐McGraw Hill이 개발한 인공지능 시스템인 ALEKS를 도입하여 대수학algebra 수업을 진행했다. 그 결과, 학생들의 목표성취수준 도달 비율이 2015년 62%에서 2018년 79%로 상승했다. 대수학 수업의 평균 이수율도 20.6% 증가했으며, 기초학력이 미달 수준인 학생들의 경우 그 상승효과는 28.5%로 나타났다. 그리고 전통적인 방식으로 대수학을 배운 학생보다 맞춤형 지도를 받은 학생이 다음에 심화 단계의 수학 과목을 선택하는 경향도 높았다. 이것은 인공지능이 기초학력이 높고 수학에 소질이 있는 학생에게는 어려운 문제를 풀어보도록 학습 과정을 유도하고, 다소 이해가 더딘 학생은 문제의 난이도를 조절해 가면서 흥미를 잃지 않도록 해준 덕분이라고 볼 수 있다. 또한 생물학 입문 과목에서도 예전의 강의 중심 수업에서는 수강 취소율이 10% 내외이고 C학점 이상 비율이 77%였던 데 비해, 인공지능을 활용한 개인 맞춤형 수업에서는 수강 취소율이 5%로 줄고 C학점 이상 비율은 91%

로 늘었다.

이처럼 인공지능 기반의 맞춤형 학습을 통해 '포용적 혁신 교육'을 지향하는 애리조나 주립대의 경험은 KDI 국제정책대학원에도 이식되었다. ALEKS를 도입하여 통계학 등 계량분석방법을 가르친 결과, 3시간 테스트만으로도 3년 이상 가르친 것처럼 학생의 선지식과 실력을 파악할 수 있었고, 통계학 최하위권이었던 학생 2명이 최상위권으로 도약했다. 인간 교수자라면 포기했을 학생도 본인이 원하기만 하면 인공지능 교수자는 지치지 않고 끝까지 가르칠 수 있는 것이다.

한편 인공지능을 이용한 영어 말하기 연습 프로그램(앱)을 통해 영어 격차를 완화할 수 있는 가능성을 보여주는 국내 사례도 있다. EBS가 교육부·교육청의 사업비 지원과 전자통신연구원ETRI 및 NHN의 기술 지원을 받아 개발한 초등학생 영어 말하기 앱인 'AI 펭톡'의 파일럿 버전을 2020년 1학기에 54개 시범학교의 초등 4학년에 적용해 본 결과가 상당히 고무적이었던 것이다. AI 펭톡은 학생들이 스마트폰에 앱을 설치하여 인공지능과 영어 대화를 나눌 수 있게 한 프로그램이다. AI 펭톡 사용 아이디 제공 여부에 따라 교내 4학년 2개 학급을 실험군 반과 대조군 반으로 정하고 4주간의 사용 효과를 분석한 결과, 실험군은 대조군보다 평가 점수, 영어 말하기 능력 및 지난 한 달 동안의 향상도에 대한 자기 평가, 영어에 대한 자신감, 유용성 인식, 흥미도, 실력 향상 의욕, 지난 한 달 동안의 영어 학습량 등에서 개선된 것으로 나타났다. 특히 실험 시작 때의 설문조사 결과, 실험군 학생들의 통산 원어민 교습 경험이 대조군보다 부족했고 영어 학습량도 적었던 것으로 드러나, 인공지능 기반의 비대면 쌍방향 교육이 계층 간, 지역 간, 학교 간 교육 격차를 줄이는 데 도움이 될 수 있다는 점을 시사했다.

이처럼 원격교육에 인공지능을 적용하여 학생 맞춤형 학습을 하게 되면, 학생의 수준에 맞는 속도와 내용으로 학습 효과를 높일 수 있는 가능성이 있다. 이러한 스마트 교육은 학습 부진 학생이 부끄럽지 않은 비대면 방식으로 기본기를 익히도록 하는 데 도움을 줄 수 있고, 즉각적인 피드백을 받을 수 있다는 점에서 게임을 하는 것과 같은 몰입감과 동기를 가질 수 있다. 또한 기본기 익힘에 필요한 콘텐츠의 개발은 상대적으로 용이하다는 점에서, 인공지능 기반의 학생 맞춤형 교육은 특히 성적 하위권 학생들에게 큰 도움을 줄 수 있을 것이다. 학교 현장에서 이와 같은 시스템을 도입할 수 있도록 하기 위한 공적 지원이 필요할 것이다. 그런 지원에는 하드웨어 및 소프트웨어 제공뿐 아니라 교사의 ICT 재교육이 당연히 있어야 할 것이다.

위기를 기회로 만들기 위해 필요한 변화

코로나19 재난 상황은 변종 바이러스의 등장과 재확산의 반복으로 장기화 가능성도 언급되곤 했다. 이와 같은 재난 상황에서는 임시방편적인 위기 충격 '완화'책을 넘어 교육주체들과 정부 및 교육당국이 달라진 세상의 환경에 잘 '적응'할 수 있는 준비를 해야 한다.

만약 앞으로도 원격수업이 기존의 교실수업에서 기존의 교육과정을 소화했던 방식과 내용 그대로를 온라인에서 모사하는 데 그친다면, 교육 결손과 격차 확대를 피할 수 없을 것이라는 원격수업 회의론을 벗어나기 힘들다. 위기 상황을 '기회'로 전환시키려면 예전과는 다른 사고와 실천이 필요하다. 비대면 교육에서 학습 효과를 높이는 동시에 학습에서 소외된 학생들을 줄이려면 온라인교육의 장점과 잠재적 가능성을 살릴 수 있는 방법을 보다 적극적으로 모색해야 한다.

이 글에서 언급한 인도 델리에서의 교육 실험, 애리조나 주립대의 맞춤형 적응 학습, 인공지능 기반의 EBS 영어 말하기 연습 프로그램 등은 에듀테크가 적절히 도입되었을 때, 모든 학생들이 학업에서 성공할 수 있도록 도울 수 있는 교육도 가능하다는 것을 보여준다. 그동안은 학교 현장에서는 활용되지 않았던 '선반 위의 기술'들이 코로나 19 사태를 계기로 주목받게 되었다. 코로나19 사태가 기존의 교육격차와 기초학력 미달 증가세를 더욱 심화시키는 악재가 아니라 격차를 줄이고 학업성취도의 목표수준에 시간의 차이는 있어도 모두 도달할 수 있게 하는 호재가 되려면 발상의 전환과 이에 부합하는 노력 및 투자가 필요하다. 학교가 원격교육을 넘어 스마트교육을 실시할 수 있는 인프라를 갖춰야 하고, 교원은 ICT 재교육은 물론 수업설계 및 학급경영의 새로운 노하우를 습득해야 한다. 그리고 상호작용과 피드백의 난점이 원격교육의 아킬레스건임을 상기하고, 화상질의응답, 화상토론, 화상면담, 채팅, 온라인 게시판 등 다양한 소통채널을 마련하여 취향이나 학습능력과 상관없이 학생들이 소속감, 안도감, 학습동기 등을 갖게 해주어야 한다.

이러한 노력의 바탕에는 모든 학생은 공교육을 통해 기초학력을 확보하고 실질적으로 배울 수 있어야 한다는 신념이 있어야 한다. 이

신념의 구현을 위한 기술적 지원, 행·재정적 지원, 인력 지원은 정부와 교육당국에게 맡겨진 과제이다. 또한 교원에게 효과적 수업의 설계자, 학습의 코치, 삶의 멘토로서의 역할이 요청되는바, 교원의 직무와 요구역량에 대한 재정의가 필요할 것이고, 이를 실행할 수 있게 하는 학교 시스템과 제도의 보완도 요구된다. 대학에서도 교원이 학생과 수업에 더 노력할 수 있게 하는 인사평가제도와 좋은 교육자가 학생의 존경은 물론 학교와 동료사회의 인정도 받는 분위기가 조성되어야 한다.

전환기로 인식될 만큼 급변하는 시대, 코로나19 사태로 인해 달라진 세상에서 학교란 무엇인가, 교원은 어떤 존재여야 하는가, 무엇을 왜 어떻게 가르치고 배울 것인가와 같은 근본적인 질문에 새롭게 답해야 한다. 그리고 그 답에는, 모든 학생이 교육을 받고 행복을 추구할 권리가 있으며, 장차 우리 사회를 지탱하고 재생산할 주역이라는 인식하에 한 명의 학생도 포기하지 않겠다는 의지가 담겨야 할 것이다. 기초학력보장에 대해서도 기존에 제시된 정책방안들이 원격교육이라는 상황에서 새롭게 고민될 필요가 있고, 창의적인 접근들도 필요할 것이다. 그리고 그 창의성은 교육부나 교육청의 적극적인 지원하에 현장 교원들을 통해 발휘되고 온라인 콘텐츠와 디지털 기술의 장점을 살려 전국적으로 기초학력보장을 위한 솔루션이 실행되어야 할 것이다.

2020.11. 작성

23
코로나19 위기하의
통화정책 정상화와 보완대책

배영목

충북대학교 명예교수

코로나19 위기하의 인플레이션

COVID-19 대유행(이하 코로나19 위기)은 글로벌 금융위기의 경우와 마찬가지로 글로벌 금융시장의 불안을 초래했다. 주요 선진국의 중앙은행들은 금융위기를 사전에 차단하기 위해 각종채권의 매입을 확대하는 동시에 기준금리도 크게 낮추었다. 이러한 위기대응적 금융완화는 유동성 과잉을 초래하고 시장금리도 크게 낮춤으로써 채권은 물론 주식, 부동산 등의 자산가격의 급등과 채무 레버리지의 과도한 상승 등을 초래했다. 또한 주요국의 정부는 재난수습과 피해보상을 위해 재정지출을 전례 없이 확대했다. 그러다 주요국 정부는 생산위축, 고용감소 등 실물경제의 위축에서 벗어나기 위해 2020년 하반기부터 방역체제의 완화와 경제활동의 정상화를 단계적으로 추진하기 시작했다. 그 결과 2021년부터는 제조업과 비대면 업종부터 회복되기 시작했다. 대면서비스업까지도 방역의 완화 강화가 반복됨에 따라 기복을 보이지만 점차 회복되고 있다. 이러한 회복은 각 나라의 사정에 따라 불균등하지만 지속되고 있음은 각국의 생산 및 고용의 증가 추세가 보여준다.

글로벌 경제의 생산과 고용이 회복세를 보이는 중에 피해보상 지출의 확대, 내구재 소비의 증가, 보복소비 증대 등이 중첩되면서 소비가 급증하고 연기되었던 정부 및 기업의 투자가 추진되고 글로벌 교역이 확대됨에 따라, 수요 측면에서 인플레이션 압력이 크게 높아졌다. 반면에 코로나19 위기 이후 손상된 공급망이나 유통망은 이전 수준으로 되돌아오지 못해 공급이 수요에 대응하지 못하는 경우가 곳곳에서 나타났다. 특히 계절적 지정학적 요인까지 겹쳐 에너지 가격이 2020년 하반기 부터 급등했고 이것은 비용인상을 통해 인플레이션을 주도하고 있다. 여러 요인에 의한 인플레이션율이 실제로 높아짐에 따라 기대인플레이션도 크게 높아졌다.

그림 23-1에서 보듯이, 코로나19 위기가 발생한 직후에는 소비자 물가상승률이 낮아졌으나 2021년부터 선진국과 신흥국 모두에서 높아지고 있고 선진국이 더 빠르게 높아져 물가상승률에서 선진국과 신흥국은 별다른 차이가 없게 되었다. 이러한 글로벌 인플레이션은 수입물가 상승을 통해 한국의 인플레이션율을 높이고 경상수지의 악화를 초래하는 등 적지 않은 영향을 미쳤다. 한국의 소비자물가상승률은 다른 나라에 비해 낮은 편이었으나 최근에 와서 가파른 상승세를 보이고 있다. 2021년 10월 이후에는 3%를 넘어섰고 2022년

그림 23-1 코로나19 위기 이후 글로벌 소비자물가 상승률(%) 추이

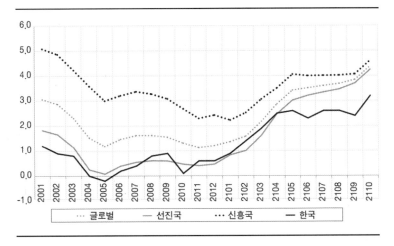

자료: 통계청 국가통계포털,
    한국은행, 통화신용정책보고서(2021.12), 32쪽.

에 접어들어서도 상승세는 멈추지 않고 있다.

주요국의 통화정책 정상화와 그 영향

한국의 통화정책에 큰 영향을 미치고 있는 미국 연방준비위원회(이하 연준)는 2021년 11월부터 테이퍼링(채권매입 축소)를 시작했다. 연준은 2020년 1월에 정책금리를 현 수준(0.00~0.25%)에서 동결하고 3월 초 자산매입을 종료하기로 결정했다. 향후 정책금리 인상 가능성도 함께 시사했다. 그리고 연준은 대차대조표 축소는 금리인상 개시 이후 시작하고 재투자 금액 조정 등 예측 가능한 방식으로 시행될 것이라고 했다. 유럽중앙은행ECB도 코로나19 위기에 대처하기 위해 실시한

긴급자산매입 프로그램에 채권매입을 2022년 3월 끝내기로 했고 금리인상에 앞서 채권매입을 점차 축소하기로 했다. 영국은 인플레이션에 대처하기 위해 이미 두 차례의 금리인상을 실시하였고 캐나다, 노르웨이, 뉴질랜드, 오스트레일리아 등 다른 선진국도 이에 동조하고 있다. 대폭적인 물가인상에 직면한 러시아, 중남미 일부 신흥국도 금리인상을 시작했다.

코로나19 위기가 끝난 것도 아님에도 주요국은 위기 수습 과정에 급격히 늘어난 유동성, 국제에너지 가격 상승과 공급망 차질로 확산되어 가는 인플레이션 압력에 대처하기 위해 신용공급 억제와 금리인상을 주 내용으로 하는 통화정책의 정상화를 시도하는 경우가 늘어나고 있다. 이와 같이 각국이 통화정책의 정상화를 추진하되 그 부작용을 고려하여 국내외 생산과 고용의 회복세에 따라 그 완급을 조절하고 있다. 이러한 정책 중에서 연준의 통화정책 정상화, 특히 기준금리 인상 시기와 폭이 주목을 받고 있다. 2021년 6월에는 2023년에 금리인상이 예고되었지만 미국의 인플레이션 가열, 빠른 고용회복세 등으로 그 시기가 앞당겨져 2022년 3월부터 대폭 인상에 해당하는 0.5% 인상이 시작되었다.

미국의 금리인상은 그 폭에 따라 영향이 달라지겠지만 글로벌 유동성 축소와 신흥국의 경제·금융불안을 초래하면서 한국의 외국인 자본유출을 초래할 수도 있다. 최근에 미국 기준금리의 조기 인상 가능성이 높아지면서 미국의 장기금리가 상승하고 외국인의 순자본유출이 증대했다. 이러한 순자본유출은 채권시장에서보다는 주식시장에서 더 뚜렷이 감지되고 있지만 정책당국은 한국경제의 대외적 건전성이 높아 이것이 외환시장 불안으로까지 확대될 것으로 보지는 않고 있다.

한국의 통화정책 정상화

한국은행은 코로나19 위기에 대응하기 위해 기준금리를 두 차례로 나누어 1.25%에서 0.50%로 낮추었고 금융중개지원 금리도 0.25%로 낮추었다. 또한 한국은행은 금융중개지원 한도를 확대하고 공개시장운영 대상증권을 확대하고 금융안정특별제도를 신설하고 유동성공급도 대폭 확대했다. 그리고 한국은행은 각종 외환시장 안정조치를 시행하고 미국과 통화스와프도 체결했다. 재정적자 확대에 따라 국고채 단순매입 등 일부 조치는 유지되고 있으나 위기대응을 위해 실시한 유동성 공급은 대부분 종료되었고 연준과의 통화스와프 계약도 만료되었다. 한국은행은 여러 차례 예고한 대로 2021년 11월 기준금리를 0.25%P 인상하고 2020년 1월에는 또 다시 0.25%P 인상하여 기준금리는 1.25%로 위기 이전으로 복귀했다.

2021년 11월 기준금리 인상에서는 코로나19 재확산의 둔화, 국내경제의 회복세, 소비자물가 상승세 확대, 주택가격 상승세와 주택관련 대출의 증가세 등이 고려되었고, 2022년 1월 기준금리 인상에서는 코로나19 재확산하에서 국내 소비·투자·수출·고용의 개선, 소비자물가 상승세 확대, 주택관련 대출과 주택가격의 동향 등이 고려된 것으로 보인다. 한국은행은 앞으로는 코로나19의 전개상황, 국내외 경제의 성장·물가 흐름의 변화, 금융불균형 누적 위험, 기준금리 인상의 파급효과, 주요국 통화정책 변화 등을 고려하여 통화정책 정상화의 완급을 조절할 것이라고 밝혔다. 이러한 점을 감안하면 코로나19 위기하에서도 국내외 경기 회복세와 고용의 증가세가 뚜렷해지고 소비자물가가 상승세가 확대되며 주택가격 상승세가 지속되기 때문에 한국은행이 단계적인 금리인상에 들어갔다고 할 수 있다.

기준금리 인상의 파급효과

한국은행이 기준금리를 인상하면 은행의 예대출금리는 물론 단기금융시장 금리와 장기금리까지 상승할 것이다. 그런데 장기금리는 기준금리에도 영향을 받지만 미래의 기대인플레이션율에 더 많은 영향을 받을 수 있다. 최근의 장기금리는 글로벌 인플레이션 확산, 주요국의 통화정책 기조 변화, 정부의 재정적자 확대 추세에 영향을 받으면서 기준금리 인상에 앞서 상승하기 시작했다. 어떻든 장기금리의 상승세는 내구재 소비, 주택 관련 대출, 건설설비 투자를 억제함으로써 정도의 차이는 있겠지만 인플레이션을 억제하는 효과를 가질 것이다. 금리인상은 이와 같이 인플레이션 억제 효과는 거둘 수 있지만 이로 인한 경기 및 고용사정의 악화라는 대가를 치러야만 한다.

최근의 기준금리 인상은 경기회복과 관련되지만 경기과열에 대한 대처는 물론 아니다. 코로나19 위기 속에서 경기회복을 바라는 정부의 방침과는 다른 것이고 과소비나 과투자 움직임은 보이지 않기 때문이다. 그렇다면 한국은행이 밝혔듯이 소비자물가상승률의 상승세에 대한 대처일 수 있다. 2021년 10월 소비자물가상승률이 이미

3%를 넘어섰고 2022년 1월에는 4%에 가까워졌다. 그런데 최근의 소비자물가상승률은 무엇보다도 에너지가격의 상승과 직간접으로 연관되어 있다. 금리인상을 통한 수요 측면에서의 인플레이션 억제 정책은 필요하겠지만 그 효과는 기대만큼 크지는 않을 것이다.

다른 나라의 기준금리 인상의 공통적인 배경은 대부분 높은 물가 상승세이다. 하지만 한국의 경우는 위기 이후 주택가격의 높은 상승세가 주요배경 중 하나이다. 위기 이후의 과잉유동성에 따른 금융불균형은 주가상승, 부동산가격 상승으로 나타났지만 주가는 주요국의 통화정책 정상화로 조정되었다. 주택가격의 상승세는 줄어들었으나 급등한 수준을 그대로 유지하고 있다. 한국은행의 기준금리 인상은 대출규제 및 조세규제 정책효과의 한계에 직면한 정부를 측면에서 지원하면서 금융불균형도 해소할 수 있었다. 실제로 기준금리 인상과 이어진 주택관련 대출금리 인상은 주택관련 대출의 억제와 맞물려 주택가격 상승세를 차단하는 효과를 거두기 시작한 것으로 보인다.

금리인상이나 금융긴축은 재무구조가 나쁜 기업에 더 큰 영향을 준다. 영업이익으로 금융비용도 커버하지 못하는, 다시 말해 이자보상배율이 1 이하인 한계기업이 2020년 기준 대기업 28.8%, 중소기업 50.3%에 달한다. 경기회복세가 뚜렷하지 않은 상태에서 대출금리 상승은 이러한 기업의 재무구조를 더욱 악화시키는 동시에 이러한 한계기업의 부실위험을 더욱 증대시키면서 외환위기 직후 수준은 아니겠지만 한계기업들의 도산을 늘릴 수 있다.

금리인상과 금융긴축은 부채가 과도한 가계에도 큰 영향을 미칠 것이다. 금리상승은 일차적으로 이들 가구의 원리금 상환부담을 증가시킬 것이다. 특히 코로나19 위기 이후 소득이 줄어든 가구의 원리금 상환이 어려워짐에 따라 가계대출의 연체율이 높아질 수 있다. 코로나19 위기 이후 위기대응적 조치에 따라 가계부채 연체율이 도리어 하락했지만 금융긴축과 금리상승이 이어지면 취약가구가 늘어나면서 연체율도 다시 상승할 수 있다.

금리상승과 금융긴축은 부동산시장에도 영향을 미치면서 부동산가격 하락과 담보가치 하락을 초래할 것이다. 한국 가계대출의 증가는 고신용, 고소득층이 주도했기 때문에 부동산가격의 하락은 저소득층 저신용층에 영향을 크게 미치기보다는 고소득층, 고신용층에 더 큰 영향을 미칠 것이다. 이들은 전세제도와 가계대출을 활용하여 레버리지를 높이면서 부동산을 구입하였다. 따라서 금리상승이 고위험 고수익을 추구하는 가계들의 부동산 처분을 늘리겠지만 재무상태도 악화시키면서 가계대출의 부실 정도가 높아질 것이다.

금리상승 이후의 보완대책

국내외 금리상승으로 예상되는 물가안정이나 금융불균형 해소는 바람직하다. 그러나 금리상승 폭이 클 경우 주택가격 급락, 경기침체, 순자본유출 등에 따른 가계부채 부실, 한계기업 도산 및 금융시장의 불안이 있을 수 있다. 이에 대한 보완대책의 대부분은 과거 외환위기와 글로벌 금융위기에 대응하면서 실시해 보았던 것이지만 금리상승에 즈음하여 다시 점검하고 필요에 따라 추가해 추진해야 할 것이다.

첫째, 앞으로 부동산가격 하락과 상환부담의 증가가 예상되는 만큼 현재 적용하는 담보인정비율LTV과 총부채원리금상환비율DSR은 더 올리지 않아야 한다. 대신에 주택가격 하락세가 보이면 주택실수요자에 불편을 주고 있는 지역별 금액별 규제는 곧바로 줄이거나 폐지해야 할 것이다.

둘째, 건전성 제고를 위한 금융기관 여러 규제를 재점검하고 최근의 금융불균형으로 급증한 영업이익 중에서 더 많은 부분을 대손충당금 또는 대손준비금으로 적립하여 미래의 금융불안에 대비하도록 해야 할 것이다.

셋째, 금리상승으로 인한 한계기업 증가에 대비하여 구조조정기금을 조성하고 기업구조조정을 통해 파산기업을 줄어야 할 것이다.

넷째, 미국의 기준금리 인상과 연관된 순자본유출에 대한 대비책이 이미 많이 마련되어 있겠지만 통화스와프 협약은 연장하거나 확장할 필요가 있다.

다섯째, 국채발행 확대에다 금리인상이 겹치면 정부의 국채 상환부담이 크게 늘어날 것이므로 금융시장에 대한 충격까지 고려하여 국채발행을 조정해야 할 것이다.

여섯째, 코로나19 위기가 끝날 때까지는 피해 사업자나 기업에 대한 대출과 보증의 기한연장은 물론 이들에 대한 금리조정 등 포용적 금융지원은 유지되어야 할 것이다.

2022. 2. 작성(2022. 4. 수정하여 실음)

24

윤석열 정부 재정정책 기조, 달라져야 한다

이강국

리쓰메이칸대학 경제학부 교수

2022년 5월 10일 윤석열 대통령이 임기를 시작했다. 그러나 우크라이나 전쟁과 중국의 봉쇄를 배경으로 전 세계적으로 인플레이션이 크게 높아지고 성장이 둔화되고 있는 현실은 새 정부의 거시경제 운용에 어려운 과제를 던지고 있다. 새 정부는 출범 직후 코로나19 손실보상을 주 내용으로 하는 2차 추경예산을 도입했지만, 전반적으로는 재정건전성을 강조하는 모습을 보이고 있다. 그러나 현재는 팬데믹으로 인한 경제위기와 저성장 기조의 극복을 위해 과연 어떤 재정정책이 필요한지 깊은 고민이 필요한 시점이다. 이 글은 이러한 상황에서 새 정부 재정정책의 방향에 관해 전망과 비판적 논의를 제시하고자 한다.

재정건전성 대 재정확장 필요성의 모순에 직면할 윤석열 정부

윤석열 정부 출범 이전 안철수 대통령직인수위원회 위원장은 "나라의 곳간이 비었다"라며 재정상황이 어렵다고 언론에 여러 번 이야기했다. 한덕수 총리 후보자는 대한민국의 부채가 너무 빨리 증가하고 있다며 새 정부의 필수적인 과제로 재정건전성을 강조했다. 또한 추경호 경제부총리도 청문회에서 문재인 정부 시기의 확장적 재정정책으로 인한 국가채무 급증에 대한 우려를 표명하며 재정준칙 제도화를 추진하겠다는 의지를 피력했다. 이러한 모습을 볼 때 윤석열 정부는 전반적으로 재정건전성을 강조하는 보수적인 입장을 견지할 가능성이 크다.

그러나 윤석열 대통령은 후보 시절 코로나19 손실보상을 위해 50조 원 규모의 재정을 지출하겠다고 약속했다. 실제로 정부는 지난 5월 12일 소상공인 370만 명에게 최소 600만 원을 지급하는 데 드는 약 26조 원 등 일반지출 36.4조 원과 초과세수의 법정 지방이전지출 23조 원을 포함한 총 59.4조 원 규모의 2차 추경을 편성했다. 기재부는 2022년 초과세수가 예상보다 약 53.3조 원 더 걷힐 것이라는 전망하에서 이 중 44.3조 원을 사용하여 추가적인 국채발행 없이 추경의 재원을 조달할 계획이다. 기재부에 따르면 2차 추경을 편성했음에도 대규모 초과세수 덕분에 국채를 9조 원 상환하여, 2022년 국가채무비율은 본예산 대비 오히려 줄어든 GDP 대비 49.6%를 기록할 전망이다. 사실 기재부는 문재인 정부 시기 온전한 손실보상을 위해 대규모 재정확장에 대해 반대 입장을 보였고, 2021년 초과세수도 본

예산 대비 61.4조 원을 기록했다. 따라서 2022년에도 세수 예측에 크게 실패하고 예상되는 초과세수를 사용하여 추경을 하겠다는 기재부의 행태에 대해 비판도 제기되고 있다. 그럼에도 손실보상을 위해 재정지출을 집행하는 것은 필요한 일이다. 이와 같은 대규모 추경은 위기를 극복하고 시민의 삶을 지원하기 위한 재정확장의 현실적 필요성을 잘 보여준다.

한편 새 정부는 2023년 이후에는 재정건전성을 더욱 강조하며 긴축 기조로 전환할 것으로 보인다. 이미 기재부는 지출 구조조정으로 매년 약 10조 원 이상의 재원을 마련하기 위해 각 부처에 2023년 예산에서 재량적 사업비를 최소 10% 축소하라는 지침을 내렸다. 하지만 무엇보다 세계경제의 불안을 배경으로 경제상황이 개선되지 않는다면 여론의 악화 속에서 다시 경기부양과 재정확대가 나타날 가능성이 있기 때문에 긴축 기조가 지속될 수 있을지 지켜봐야 할 것이다.

또한 대통령직 인수위원회에 따르면 기초연금을 40만 원으로 인상하는 등의 공약을 이행하기 위해서는 약 209조 원이 들 것이다. 그 재원은 주로 세수 자연증가분과 지출구조조정에 기초하고 있는데 구조조정이 현실적으로 쉽지 않은 상황에서 과연 재정적자와 국채발행 없이 공약의 실천이 가능한지도 의문스럽다. 이를 고려하면 윤석열 정부는 재정건전성 추구라는 지향과 적극적인 재정지출이 필요한 현실 사이의 모순에 직면할 가능성이 크다.

현재 한국의 재정상황 평가

지난 대선 시기 대통령 후보 토론회에서 국가채무율과 기축통화국에 관한 설전이 벌어졌던 기억이 생생하다. 그러나 국제통화기금이나 여러 거시경제학 연구들이 보여주듯 기축통화 여부는 재정상황이나 국가채무비율 한도와는 별 관계가 없다. 국제통화기금도 한국 보고서에서 한국의 국가채무비율 상한을 다른 선진국들과 같이 GDP의 80%로 판단했다. 사실 재정에 근본적으로 중요한 것은 중앙은행이 자국통화를 발행하는 주권통화를 가지고 있느냐이다. 또한 성장률이나 재정수지, 경상수지, 외환보유고 등 거시경제의 펀더멘털이 국가신용등급과 대외신인도에 중요한데 이에 관해 한국은 다른 선진국들과 비교해도 건전한 편이다. 한국의 GDP 대비 정부부채비율은 다른 선진국에 비해 매우 낮고, 대응자산이 있는 금융성 채무가 전체 채무의 약 36%를 차지하여 정부 순부채비율은 훨씬 더 낮다는 것도 잊지 말아야 할 것이다.

하지만 보수적인 논자들은 앞으로 한국의 재정적자가 지속되어 2025년까지 국가채무비율 상승 속도가 선진국 중 가장 빠를 것이기 때문에 건전하게 재정을 운영해야 한다고 강조해 왔다. 이들은 2021년 10월 국제통화기금의 세계경제전망을 인용하여 2021년 GDP 대비 한국의 일반정부 부채비율이 약 51%에서 2026년 67%로 빠르게 높아질 것이라고 우려한다. 그러나 앞서 지적했듯 2021년 한국은 대규모 초과세수가 발생하여 원래 전망치보다 재정적자가 크게 줄어들었고 이는 2022년도 마찬가지다. 이미 국제통화기금은 새로운 전망

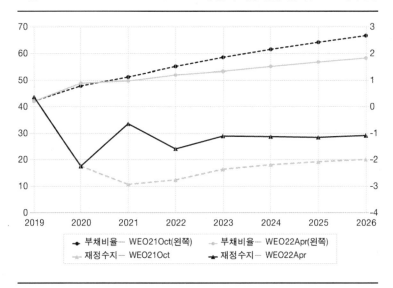

범례: 부채비율— WEO21Oct(왼쪽) 부채비율— WEO22Apr(왼쪽)
재정수지— WEO21Oct 재정수지— WEO22Apr

자료: MF, World Economic Outlook.

치를 반영하여 2022년 4월 세계경제전망에서 2021년 정부부채비율을 약 50%, 그리고 2026년에는 58%로 이전보다 전망치를 크게 낮추었다.

결국 향후 수년간 국가채무비율이 급속히 상승할 것이라는 주장도 근거가 튼튼하지 않다고 할 수 있다. 거시경제학의 대가 블랑샤가 주장하듯 사실 적절한 국가채무비율의 수치에 관해서는 정답이 없으며, 최근에는 GDP 대비 국채이자비용 등을 고려하는 것이 더욱 적절한 재정정책의 기준이라는 주장도 제기된다. 인플레이션 우려로 국채금리가 상승하고 있지만 여전히 경제성장률보다 낮은 상황에서는 기초재정수지 적자가 크지 않다면 시간이 지남에 따라 국가채무비율이 안정화될 것이므로 재정에 대한 과도한 우려는 적절하지 않다. 오히려 국채금리보다 사회적 수익률이 높고 향후 성장을 촉진할 수 있는 공공투자는 적극적으로 시행할 필요가 있다.

이력효과의 극복과 재정정책의 바람직한 방향

지난 대선 때 여야 대선후보들도 한목소리로 지적했듯이 코로나19 경제위기에 대응한 한국 정부의 재정지출과 손실보상은 매우 부족했다. 국제통화기금에 따르면 한국 정부는 2020년 초에서 2021년 중반까지 코로나19 위기에 대응한 정부의 직접지출 규모가 GDP 대비 약 4.5%에 지나지 않을 정도로 재정지출에 소극적이었다. 그리고 방역과 사회적 거리 두기의 피해는 자영업자에게 집중되었다. 하지만 다른 선진국들은 팬데믹 위기에 대응하여 GDP 대비 평균 약 17%에 달하는 대규모 재정지출을 실시했다. 이는 위기의 충격에 정부가 적극적으로 대응하지 않는다면 장기실업의 심화와 기업의 신기술투자 둔화가 생산성상승 정체를 낳아 장기적으로 경제성장을 악화시킬 수 있기 때문이다. 최근 여러 거시경제학 연구들은 총수요 측면의 충격이 이러한 이력효과를 통해 공급 측의 생산성과 잠재산출에 악영향을 미칠 수 있음을 강조한다. 따라서 각국 정부는 팬데믹으로 인한 시민들의 일자리와 소득의 상실 그리고 총수요 둔화를 극복하기 위해 전례 없이 적극적인 재정확장을 실시한 것이다. 한국은 코로나19와 불황의 정도가 작았지만, 소극적인 재정정책으로 2020년 이후 정부부채는 선진국들 중 매우 낮게 증가한 반면 가계부채는 가장 많이 증가하여 우려되는 상황이다. 이를 고려할 때 현재는 팬데믹 경제위기를 완전히 극복하고 위기가 저성장을 구조적으로 심화시키지 않도록 피해계층을 지원하고 총수요를 촉진하는 적극적인 재정확장이 필요할 것이다.

중장기적으로 볼 때도 지금은 사회안전망과 성장잠재력 확충 등을 위한 적극적인 공공투자가 필요한 시점이다. 앞으로 기후변화와 디지털 전환에 대한 대응 과정에서 인프라스트럭처의 확립과 일자리 전환과 관련된 정부의 더욱 큰 역할이 요구된다. 예를 들어 탄소배출을 줄이는 과정에서 내연기관 자동차산업에서 일자리를 잃은 노동자들의 보호와 전직을 위한 안전망 확충과 적극적인 노동시장정책이 필요할 것이다. 이러한 관점에서 볼 때 민간 주도의 성장을 강조하고 산업정책 등에서 정부의 역할을 경시하는 윤석열 정부의 정책기조는 바이든 정부와 같은 세계적인 흐름과도 배치되는 것이다. 또한 사회복지지출이 여전히 GDP와 대비하여 선진국 평균에 비해 절반 수준밖에 되지 않는 현실이므로 사회안전망과 복지 확대를 위해 꾸준한 노력이 필요하다. 한편 취약한 청년층을 지원하기 위해 사회보험의 사각지대를 메꾸고 공공주택을 확충하는 등의 노력은 출산율을 제고하여 성장을 촉진할 가능성이 크다. 이러한 공공투자는 단기적으로 재정적자를 가져오더라도 중장기적으로는 재정에 도움이 될 수 있을 것이다.

윤석열 정부의 재정정책이 재정건전성만을 추구하고 국가채무비율의 준칙을 경직적으로 지키려 한다면 필요한 재정지출을 억제하여 성장 기반을 약화시키고 사회안전망 확충에도 악영향을 미칠 것이다. 물론 중장기적으로 급속한 고령화와 심각한 저출산을 고려할 때 앞으로 재정의 부담이 커지고 국가채무비율도 더 높아질 전망이다. 하지만 진정으로 재정건전성을 걱정한다면 사회복지 지출을 억제할 것이 아니라 증세를 통해 복지재원을 늘리기 위한 노력을 기울여야 한다. 결국 위기의 극복과 산업의 전환과 같이 필요한 경우에는 재정을 적극적으로 확장하고 국가채무비율 상승을 용인하는 동시에, 중장기적으로는 복지확대에 발맞추어 증세를 추진하는 것이 바람직한 재정정책의 방향일 것이다.

2022.5. 작성

한국경제 빅 이슈 2

대전환기 한국경제의 과제

1판 1쇄 펴냄 | 2022년 10월 25일

엮은이 | 서울사회경제연구소
발행인 | 김병준
발행처 | 생각의힘

등록 | 2011. 10. 27. 제406-2011-000127호
주소 | 서울시 마포구 독막로6길 11, 우대빌딩 2, 3층
전화 | 02-6925-4185(편집), 02-6925-4188(영업)
팩스 | 02-6925-4182
전자우편 | tpbook1@tpbook.co.kr
홈페이지 | www.tpbook.co.kr

ISBN 979-11-90955-68-3 03320